U0587178

娜是光照亮的地方

谢娜

著

中国友谊出版公司

快乐是一种特别的能力，

它也许不能开天辟地，

但能让人永远保持活力和积极。

你来了，我变了。

世界都开始绚烂和精彩。

我们的美好回忆

张杰

一直想要记录一下她们仨，终于还是被她抢先了！

初识娜娜，一位风风火火、大大咧咧的耿直女子，床头放满了缓解失眠的药片，各种工作塞满了她的生活，忙得几乎没有休息的时间。那时，高强度的工作也给她带来了身体上的病痛。我们在一起之后，她开始慢慢学习让自己放轻松，开始爱惜和调理自己的身体，而我们也陪伴彼此渡过了一个又一个难关。

结婚时的我们，在美丽的香格里拉坐着竹筏从湖上缓缓靠岸，靠向幸福的彼岸。记得那天，有很美的小船、很美的阳光、很美的湖水和暖暖的风，还有很美很美的新娘娜娜。我紧紧地握住她的手，而她比我还紧张。从此，我们有了自己的小家，也期待着新生命的到来……

六年后的一天，我正在国外巡演的车上，当她从电话里告诉我有两个宝宝的好消息时，我们在视频电话里足足五分钟的对笑，至今都令我记忆犹新。做了准妈妈的她有了很大变化，怀孕期间，静心，听音乐，早睡，人多的地方不去，空气不好的地方不去，经常躺坐，限制盐量。总之，做一切对肚里孩子有益的事，这对于曾经那个娜小妞真的是不可想象的变化！

当然，她所受的苦我也一直看在眼里，疼在心里。一个小小身体里要孕育两个生命，这是多么巨大的挑战，每次看到她呼吸急促时我都格外紧张。我陪着她散步、聊天，甚至给晚上失眠的她讲故事。她也用自己的方式减压，我脑海里留存最多的画面就是她在家里做布艺玩偶和打毛线的样子，阳光照在她身上，一位恬静的女孩就这么出现在我眼前了，多么好的时光。所以从一开始我们就用手机或者相机记录下每一个平常又温馨的时刻……

2018年2月1日，我们终于迎来了双胞胎女儿——跳跳和俏俏，这是上天赐给我们最好的礼物。当我第一次左右手同时抱起她们俩时，那种幸福感，就是我人生一直在追求的。所以，我要大声喊出这几个字——"人生赢家"！

是的，我还一直沉浸在当爸爸的幸福中，手机里大部分照片几乎已经更新为她们仨的照片了。我们太喜欢记录她俩的成长。因为，陪伴才是最好的爱。她有了女儿，做了妈妈，更加能够体会做父母的心情。她宁愿自己辛苦，也不愿女儿们受到一点点的委屈，如果

"谢谢你，在我最需要爱的时候来爱我。"

有工作冲突，哪怕只有半天空闲时间，她也要飞回来看她们，哄她们入睡，这样才安心。

　　有了孩子的归属感，让我们更加懂得珍惜，并慢慢感受来自家的温暖。一想到要陪着家人走未来的路，我们就充满了无限想象。而刚好在这个时候，有一本书记录女儿们从出生到慢慢长大。在女儿们快乐健康长大的同时，相信这本书也会陪伴着她们，记录我们四个人的美好回忆！

娜道光

何炅

我还记得那一天我的紧张。

进医院的时候我低头疾走，尽量低调，希望不要引起太多人的注意。更重要的是，其实这是我第一次去陪好朋友生宝宝。

那个感觉真的好陌生。我的喜悦和紧张到底应该表现多少分？又应该是什么样的一个比例才合适？怎样的状态对于新手爸爸妈妈才是最好的陪伴？其实我对这些心里一点底都没有。我真的真的很恍惚，我从小看着长大的小女孩，马上就要做妈妈了。

虽然在我心中娜娜和小杰一直都是小朋友，但他们其实一直都想要小孩，不过他们两个人都太忙了，一切都没那么简单。所以，当他们的孩子真的来的时候，我太高兴了！我还记得那天娜娜告诉我这个好消息的时候，我对着手机大喊大叫，为他们开心，但是渐渐地也开始紧张了起来。

我其实从来没有怀疑过娜娜会是个好妈妈。她本人远比节目里呈现的大大咧咧、蹦蹦跳跳的那个长不大的孩子要体贴细心。我紧张的是，一下子从连轴转录制节目的工作状态突然停下来变成谨小慎微的状态，一下子从原来已经习惯的生活方式变成一切要以宝宝为中心的生活方式，一下子从大家瞩目的一个主持人变成一个要在家低调待产的孕妇，每个孕妇都要面对的这些生理和心理的考验，我的这位朋友会顺利通过吗？

那天我走进待产室，阳光特别特别好，娜娜穿了一件很柔软的红色家居服，气色特别好，她的脸好像并没有因为怀孕胖很多，如果不去看肚子，就还是小女孩的样子。杰哥坐在沙发上抬头看着娜娜，满脸都是幸福。那个房间里的温度特别舒服，让人有一种安心的感觉。虽然宝宝还没有出生，但不知道为什么，我总觉得空气里有一股奶奶的味道。我问娜娜紧张吗，她说又紧张又期待。我说你好神奇呀，你除了肚子巨大，整个脸和身材都没有变化。你看你从背后看身形还是细长条的，我还以为你已经都生完了呢！娜娜就开始背对着我们，倚在门框上做出非常有曲线的样子。大家嘻嘻哈哈的，等待最后进产房时刻的到来。

我以为我会感动流泪，但那一天更多的是感到一种稳稳的幸福。

护士姐姐说娜娜是一个很坚强、很勇敢的妈妈，在麻药刚刚过劲儿、最疼的时候，她已经开始请护士帮她做一些按摩，其实那个

很疼很疼，但是娜娜说早点按通了就可以早一点照顾宝宝。护士说娜娜是个狠人，我想，原来一个妈妈真的会因为孩子一夜长大啊！那个你原来想要照顾的小女孩，为了自己的孩子忘我付出的日子，从生下宝宝的那一刻就开始了。

娜娜怀孕和坐月子的时候，一有时间我就会去上海看她找她玩，每次她表现出来的状态真的是超乎我的预期！印象最深的是有一次我去她家，看到她沐浴着阳光正坐在沙发上给肚子里的宝宝做手工小玩偶。她缝了两个特别精致、特别漂亮的娃娃，造型、配色、手工都是一流的。我还记得在《快乐大本营》我们要她画任何东西，她都会先画一个圈，然后其他就乱七八糟地画，所以娜娜的美学功底我心里是有数的。可是那两个娃娃真的做得太好了（一直到今天这两个娃娃还是娜娜的微信头像），我当时看到那个手工，看到她安静地在缝娃娃的样子，我特别想问："你哪位呀？"

以娜娜那种大而化之的直爽性格，我本来以为她会是一个特别随性、特别粗线条的妈妈，但事实和我预测的不太一样。有朋友来看她的时候，她总是很开心，她会周到地为我们大家点一满桌的口味虾、口味蟹，然后她自己捧着一小碗清汤，眼巴巴地在旁边看着，我们吃口虾，她喝口汤。我跟她说："真要这么严格吗？其实你吃一小口没事的，说好的新时代妈妈呢？"她说辣的不行不行不行！看着她完全不为诱惑所动、坚定清醒的样子，我当时特别想问："你哪位呀？"

原来，伟大的母爱，真的可以让一个人更温暖强大的。

父母给孩子的爱大同小异，但是每次又都格外动人。因为这样无条件的付出，常常会让我们想起自己得到的疼爱。宝宝会健康地长大，会拥有自己的生活、自己的思想，也许会在某个特别的时候跟父母意见不同甚至闹别扭。那时候就可以把这本书拿出来，翻到某一页，回想起，妈妈怀孕的时候肚子大到没法睡觉，就整夜整夜地靠坐着等天亮的那道光，还幸福地摸着肚子微笑，想着：孩子，你要来了。

Chapter 1　有 了 软 肋，也 有 了 铠 甲

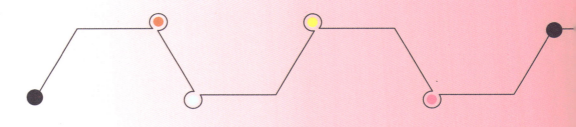

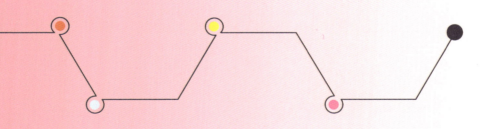

Chapter 2　我的幸福时光

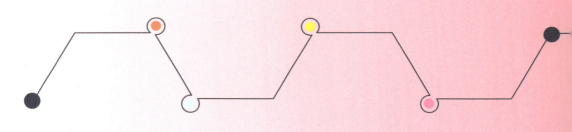

Chapter 3　多了一些牵挂

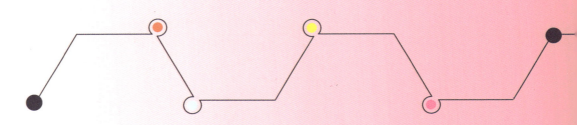

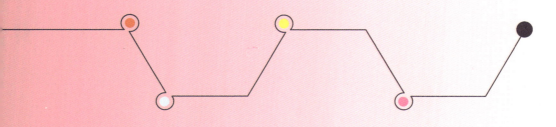

Chapter 4　世界上最可爱的你们

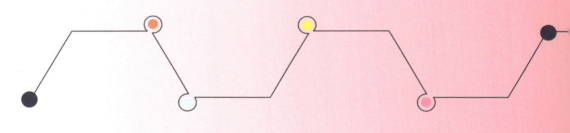

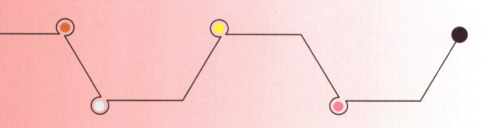

Chapter 5 成为更好的自己

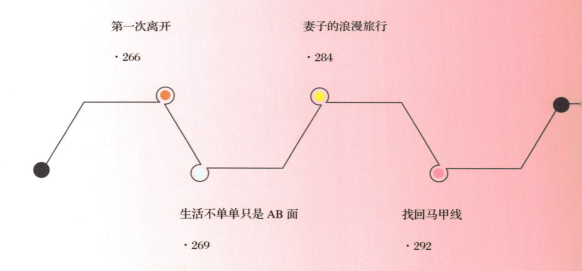

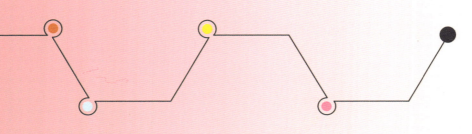

Chapter 1

有了软肋，也有了铠甲

那一刻，我突然意识到，我的生命中长出了新的软肋，而那些看似"蛮不讲理"的坚持都是我保护她们的铠甲。

遇见你以后，我才学会慢下来

从一个人到两个人，从"拼命三娘"到学会慢下来享受生活，谢谢你来到我的世界并爱着我。

不能再做"拼命三娘"

关于家里最艰难的那十年，我之前也写过。

当年，因为爸爸受到一些不公正的对待，家里变得一无所有，爸爸妈妈也因此吃了许多苦。他们爱着我，护着我，不想让我知道这些事情，但后来，我还是知道了。

那时，爸爸想尽一切办法打官司，为自己讨说法。我爸没钱请律师，就自学法律替自己辩护，他不认命，更信自己。他们不想把这种压力转嫁给我，每次我想回家看看，我爸都说"你先别回来了"。我知道，他们是怕家里的这些事情会给我惹麻烦。因为那些人叫嚣着父债子还，他们怕我受到伤害。所以，有很长一段时间，我有家不能回，只能通过电话获知爸爸妈妈的消息。我在思达采访里说的过年回家，家里什么都没有，桌子、椅子都是爸爸临时做的，就是这段时间。不过我清楚地记得那年的团圆饭气氛很好、很快乐，我们还一起放了鞭炮，这个被搬得什么都没有的小房子里传出的都是哈哈哈哈的笑声……

我通过亲戚了解到家里的具体情况，就开始拼命努力，接广告，拍 MV，赚学费，赚生活费，不愿让爸妈再为我操心，每个月还能够节约一些生活费通过邮局寄回家。

十年之后，爸爸终于迎来了迟来的正义。爸爸把法院判决书给我看的时候，很激动，只有家人才知道这对于爸爸来说有多重要。

我们熬过了最苦最累的十年。

如果当时我们家任何一个人放弃了，可能我们的家就没了。

但我们都没有放弃，我妈全身心地支持我爸，而我爸也是凭着那股不服输的劲头迎来了迟来十年的正义，他们无形中教会了我如何乐观、如何坚持。

那段时间，我委屈过、痛哭过、崩溃过，但从没想过走任何捷径。

我自始至终都觉得，我们要自食其力，要靠自己。

但那十年，我整个人的心态发生了很大的变化，开始不自觉地逼迫着自己要越变越坚强、越变越要强。一个人到北京闯，天不怕地不怕，性格越来越像男孩儿，好像女孩子有这样的性格也更能够保护自己。

我把每天的工作安排得很满，白天工作，晚上工作，曾经有两个月基本上没在床上休息过。那时在往返目的地的车上眯一会儿，就是我的休息方式。我拼到根本顾不上自己的身体，觉得自己还年轻，身体扛得住。我无比珍惜每一个工作机会，每次别人找我，问这个工作接不接，我都说"接啊"。又有新工作，问我"接不接？接了可没觉睡哦！"我还是说"接啊！"我就像一个高速运转的陀螺，根本停不下来。

也就是在那段化身"拼命三娘"的时间里，我遇到了杰哥。第一次见面时，我就觉得他是一个特别简单踏实的人，除了唱歌的时候帅帅的，平时有点憨憨的。后来恋爱时觉得他是治愈式的杰哥，治好了我的"忙病"，治好了我的失眠。

那时杰哥发现我特别累，就劝我要休息。我总说忙完这阵子，就稍微放松一下。

但忙着忙着就到了年底。当时我在演话剧，其间抽空去医院做了例行体检，没想到体检结束后，医生跟我说，发现我有卵巢囊肿，不知道是良性还是恶性。医生还说，如果它继续长大，会有危险，劝我最好马上手术。

我心里想着话剧的事情还没有结束，没办法立刻住院，就咬咬牙，又坚持工作了一周。等到我再去医院复查时，医生特别严肃地跟我说："囊肿长大了，你为什么还没做手术？"

听完之后，我吓坏了，赶紧停下了手里的工作，让杰哥陪我去医院做手术。我当时没有告诉爸妈，因为不知道囊肿检查结果会怎样，想先做手术拿出来看看是良性的还是恶性的，不想让他们提前担心。

朋友帮忙联系了一个专家给我做手术，杰哥负责手术签字，在手术室外等候。现在想想，当时他才二十多岁，第一次面对这样的事情。他特别担心我，觉得这个手术是很大很大的一件事，很紧张，心理压力也很大。我还嘻嘻哈哈一直安慰他说："没事没事，小手术，又不开膛破肚。"我被推到手术室后，杰哥在外面等待，感觉每分每秒都过得好慢。

本来以为很快就能结束的手术突然遇到了难题，手术期间，医生出来跟杰哥商量，说手术时间比原本预计的要久，另外，他们在手术过程中发现我的其中一侧输卵管炎症比较严重，可能要切除。

我都能想象到，杰哥当时肯定急疯了。这种事情让他怎么做决定啊？！可马上联系我爸妈也不太可能，他必须马上做决定。杰哥认真听了医生说的情况，决定听医生的建议，切除有炎症的输卵管。

后来，杰哥也跟我说，

从那天起，他觉得自己突然成长了很多，

以后我所有的事情，他都会对我负责。

在我躺在手术室里继续等待手术时，杰哥扛着巨大压力再次签字。接着，医生返回手术室，杰哥继续在外面等待。他实在忍不住，就在手术室门口用手机给我发短信，跟我说他当时的心情和感受。后来我清醒后打开手机看到他的信息，很感动，大致就是：娜娜，时间又过去多久了，那是我觉得最漫长的时间，你会不会很疼啊，不会不会，因为有麻药，那你好好睡一觉，哥哥一直在你身边，应该不冷吧，一会儿就抱抱你，以后我会很严格地监督你，休息，吃饭，照顾好你的身体……当时看到这一条一条的信息，就感觉每一条都像他当时陪在我身旁，在手术台旁小声跟我说话，看得我眼泪哗哗的。

后来，杰哥也跟我说，从那天起，他觉得自己突然成长了很多。

手术结束后，我醒了一下，但因伤口太痛，抠着杰哥的手又晕了过去。等我再次醒来的时候，感觉好多了。刚好当时医生也在，医生问杰哥："你跟她说了吗？"

杰哥摇摇头。我不知道发生了什么事情，觉得很奇怪，一直问到底怎么了，最后才知道手术时我被切除了一侧输卵管的事情。

我一开始误会了，以为自己没有输卵管了，整个人呆住了，接近崩溃的边缘。

医生赶紧跟我解释，我还有一侧，不会影响怀孕。我心里还是好难受，那是我身体的一部分，也是我将来成为妈妈很重要的一部分，一个肯定没有两个好啊。杰哥安慰我说："你的身体是最重要的。你要多爱护自己，有好身体以后才能当好妈妈，我会一直陪着你。"我一下子宽了心，赶紧拿起桌上的汤咕嘟咕嘟喝起来。

杰哥看到我心情好起来了，也放心了。

有了这次"拼命过度"导致住院的经历，我终于把医生那句"你要多休养"，还有爸爸妈妈常说的吃好睡好听到了心里。于是我不再把工作排得满满的，不再长期吃不好睡不好。也是从那时开始，我基本上也不再拍戏了，比较专注于主持工作，心态也放轻松很多。而且，我觉得两个人在一起，是需要生活的，需要留出时间去感受生活的平淡与美好。重要的是，我需要为我将来的宝贝调养好自己的身体。

偷来的三个月

后来，我和杰哥就商量好，工作很累很乏的时候，就放下手中的一切，换个环境，休息几个月。这也是跟杰哥在一起后，我最大的改变。我不再觉得工作、赚钱是最重要的事，而是觉得让自己的节奏更慢一些，注意身体，多陪伴重要的人才是非常重要的事。

那年，我和杰哥一起在波士顿待了三个月。那三个月就像是从别处偷来的时间，我们过着跟做艺人时截然不同的生活。

一起在波士顿看演唱会

当时整个行程安排得特别轻松，没有助理，没有工作，就是简简单单的旅行。我们先去了纽约，到百老汇看了当时所有的剧，然后转去波士顿，杰哥去伯克利音乐学院学音乐，我去波士顿大学的英语班学英语。现在想起来，那可能是我们各自从学校毕业后，最接近学生生活的一次。

我们住在学校旁边的公寓，每天早上起来，杰哥做早餐。他早餐做得很快，煎蛋饼、蒸鸡蛋、牛奶、麦片、面包，轻轻松松十几分钟就能搞定。吃完早餐，我们就背上书包出门，对彼此说着"我走了啊"，然后各自去学校。

杰哥去学校只需要三分钟，我去学校打车，也不过八分钟的路程。中午放了学，我们会跟同学一起到旁边的餐厅吃饭。晚上，两个人就手牵手沿街找好吃的。那一整条街的餐厅，都被我们吃了一遍。总之那段时间，我们每天都这样特别规律地上学、放学。

等到了周末，我和杰哥会去旁边的波士顿公园散步，公园里有一座雕塑，是鸭妈妈带着几只小鸭子散步。当我们走累了，我们就坐在雕塑旁边的长椅上休息。阳光、草地以及无忧无虑的生活，让一切都变得非常舒适。

在公园里，放松的我经常想眯一会儿，每当这个时候，我就会枕在杰哥的腿上睡上一觉。当时我们两个人都戴着帽子，杰哥还会稍微用头发帮我遮住脸，所以经常是没多会儿，我就睡着了。没人认出我们，无人打扰，我得以睡得特别沉。等睡醒的时候，我会跟杰哥说自己睡得特别香。之后，我们会沿着旁边的一条小河散步，走累了再躺在草地上休息。

那时的周末，我们也都是去超市买食材自己动手做饭，我最喜欢做中餐和一些韩餐，而杰哥擅长煎牛排。我们还会去他同学家蹭饭吃，然后一起去森林公园，去海边玩，一起去看演唱会。我们在波士顿看了碧昂丝和贾斯汀·汀布莱克的演唱会。

那三个月，我也想了一些事情。压力都是自己给自己的，很多人因为压力大，吃不好，睡不好，但工作并不会因此就变少、变容易，它始终就在那里。因此，最重要的是我们要保持一个好心态。

我实实在在地感受到，生活真的需要慢下来。对我来说，我的慢下来跟别人的不一样，我的慢下来是要把我的"变态工作狂"的节奏慢下来。

那三个月让我对生活有了新的理解，所以我决定，哪怕之后回国，也要慢下来好好生活。

其实，心态调整好以后，再投入工作，热情反而会特别高。

去旅行，去感受

慢下来生活，其实就是在养护身体。不管是我的腰肌劳损、长

期吃饭不规律造成的胃病，还是手术后的休养、妇科的调理，都需要我慢下来，一点一点将"掏空"的身体补回来。以前，我会为了减肥不吃饭，为了工作熬通宵，这些行为往往都透支了身体。而现在，我必须为了以后的生活打好基础。其实，我比较担心的是自己的身体能不能承受怀孕这件事。所以，如何为宝宝把身体这个房子养好就成了我那个阶段非常重要的一件事。

后来在工作了一段时间之后，我和杰哥又商量出国休息。可能是因为波士顿的留学之旅实在太美妙了，回来以后状态好得难以形容，于是我们又去了洛杉矶。

当时我们住在洛杉矶，杰哥去和美国知名的音乐人们交流、学习，最后还在 United Artists Centre 举办了那场叫"Just For Star"的音乐会。音乐会办得特别成功，当时，湖南卫视也播出过。

整个音乐会的筹备工作几乎都是杰哥和我负责，其间还有一位在美国生活的中国朋友帮忙。每天一出门，我就跟杰哥说："走！横冲直撞好莱坞！"当时我们在洛杉矶住了好几个月，也想在最后的时候留下一份美好的回忆。

不过，杰哥才是主要战斗力，我只是个跟班。每次他跟别人商量音乐会的具体问题，我都是坐在旁边听他们讲话。我的英文水平一般，每次他们讲得太快的时候，我就听不懂，索性不插话。但一路看过来，我知道杰哥克服了很多困难，付出了很多心血。他不仅要经常跟导演沟通策划、碰撞创意想法，还要考虑现场的演出效果，特别辛苦。

音乐会当天，我在后台负责杰哥的服装。我手里拿着一支手电筒，他一下台，我就举着手电筒引导他到旁边的更衣室，根据事先安排好的方案，一套一套换好衣服。现在回想起来，那是在美国洛杉矶，而自己能有幸成为这场音乐会中不可或缺的参与者，我依旧觉得很奇特。那也是我和杰哥共同经历的美好的回忆。

当时杰哥的演唱嘉宾是荣获过 16 次格莱美奖、欧美流行音乐殿堂级制作人大卫·福斯特。说起来，之前我和杰哥去他的音乐公司谈事情，因为我总是坐在旁边不吭声，所以大卫一直以为我是杰哥的助理。后来，他受湖南卫视邀请，来参加《巅峰之夜》，我们在录制前碰到，我问他记不记得我，那时他还以为我是杰哥的助理。等到我说自己是杰哥的妻子，他才恍然大悟，说我太低调。其实我哪里是低调，我是英文不好。

等录制开始时，我一入场，全场观众站起来激动地大喊："谢娜！谢娜！"他再次表示惊讶，忍不住喊："Oh my god！"我摊开双手，做了一个搞怪又得意的表情——看看杰哥的助理多厉害。哈哈。

我和杰哥每次出去旅行，都会有很多美好的回忆，这只是其中有趣的一小部分。我们在一起也让彼此更懂得去生活，去享受二人世界。

"Just For Star" 音乐会

一切都是最好的安排

我不敢说话，不敢大笑，拼命摁住那份巨大的惊喜。我害怕任何一声小小的尖叫或欢呼，都会吓到这份来自上天的礼物，以至于让她们害怕得落荒而逃。

她们是来自上天的礼物

没怀跳跳、俏俏前，我和杰哥工作都很忙。虽然在调理身体，期待宝宝的到来，但也没刻意休息来计划怀孕时间，我们一直相信一切都是最好的安排。

2017年上半年，杰哥忙着世界巡回演唱会的事情，异常奔波。我呢，因左脚韧带拉伤推掉了一些工作，静养了一段时间。当时运动幅度很大的工作我都推掉了，但赶上《快乐大本营》二十周年，也没法好好休息。有一天节目彩排时，我就有点没精打采的，觉得很累，而且胃口也不好。彩排完我就和同事约着去她医生朋友的医院检查检查身体。

我记得很清楚，一顿检查之后，那位漂亮的女医生用最最灿烂、最最美丽的笑容对我说："恭喜你，有了。"

我一下子蒙了，电视剧里各种女主角知道自己怀孕时的情节突然跳到我的眼前。哎呀，怎么不一样啊，我怎么脑袋一片空白，我怎么没有跳起来，我怎么被定住了。我不知道蒙了多久，心里有好多潜台词：我应该开心流泪跳跃啊，我怎么了？哦，对，我是不是在梦里，醒来空欢喜一场？因为我确实在梦里怀过孕，醒来发觉是一场梦，好失望，有那种拥有又失去的感觉……我正定在那里产生幻觉的时候，被美丽天使的另一句话震醒："哇，应该是双喜，两个宝宝！"

天哪，是真的？是真的！我确定这不是在梦里的时候，一下子激动了，心跳加速。天哪，是真的，我要当妈妈了，杰哥要当爸爸了！但是我马上又恢复了镇定，我不能跳起来，我不能大声笑、不能大声说话，我不能太激动，宝宝们选择我当妈妈，刚刚来，还很脆弱很胆小，不能吓着她们，一定要让宝宝们安心，一定要让宝宝们知道妈妈很正常、很稳重，妈妈非常适合当妈妈，妈妈是好妈妈。我努力平复自己的情绪，不过我能感觉到我的整个身体激动得在发抖。

两个宝宝，这不就是我小时候的愿望吗？

我是独生女，小的时候就经常想，哎呀，我要是有个双胞胎的姐姐妹妹就好了，或者家里有个哥哥弟弟就好了。之前看到我表哥有了双胞胎就觉得好羡慕啊，心里也默默地想过，如果那是我的该多好，那我真是拥有了全世界啊！怎么一下子真的轮到我了，太神奇了，真是神奇的孩子！哈哈哈……

这么大的信息量，我一个人有点承受不了，想赶紧回家给杰哥打电话，让他也体验一把这种不可思议、一飞冲天的感觉。

杰哥，你快回我电话

手机贴在耳边，心脏怦怦地跳，根本意识不到自己在笑。杰哥电话没通，估计他还在国外巡演的飞机上。我就给他发了一长串微信，说："回信，回信，回信……"

等待的过程既漫长又短暂，我的思绪飞得很远，想象着杰哥知道消息后的表情，想象着宝宝可爱的样子。

醒过神来，我飞快地给爸妈打了电话，他们特别开心，叮嘱我一定要好好休息，说很快收拾行李过来陪我。爸妈就是这个样子，只要我有需要，他们马上放下手头的事情赶到我的身边，有他们我好幸福。挂了电话，我继续沉浸在那种又蒙又不可思议的情绪里。

我一个人在长沙的房间里等待着，没有哭，也没有笑，安安静静，但是好像能听到心还在咚咚咚地跳。

　　我一直看时间，猜测杰哥是不是应该下飞机了，简直度秒如年。我不停地看手机上的时间，40分钟，30分钟，28分钟，27分钟……每过一分钟，想要赶紧把这个消息告诉他、跟最爱的人分享这份甜蜜惊喜的心情就更强烈。

　　终于等到杰哥下飞机，他看到我发了那么多"回信"，吓了一跳。在地球的另一端，他不知道我发生了什么事，就赶紧给我打电话，问我怎么了。但我给挂了，因为他在车上，旁边有司机，有工作人员，我觉得这个惊喜不方便在电话里讲，还需要暂时保密。

　　我说我发信息给你。他还一头雾水，不知道我为什么这么神秘。

　　我在微信上发信息说："我们有宝宝了。"

　　他立马打来一个视频电话。视频一接通就是他一脸惊呆的样子，我看着他的样子，心里很暖，又觉得好过瘾，因为刚才我也是这样的。哈哈哈哈……

　　两个人就这样看着彼此，谁也不说话，停了好一会儿，杰哥也开始笑。因为车上有工作人员，他是那种开心得不得了，但是很克制的笑。我们看着彼此，没有说话，用笑传递着对新生命到来的欣喜和期待。

　　我做了一个"V"的手势，告诉他是两个，他还以为我在开玩笑。

我使劲儿点头，他伸出两根手指跟我确认，眼睛再次瞪得好圆，感觉头快伸到镜头里了。我使劲儿点头，他反复了几次，我一直点头，一直点头，然后我们又开始对笑。其实是因为我们都觉得太不可思议了，上天总在不经意间送来大大的幸运。

我不敢太开心，怕自己得意忘形。

我一直很能扛事，从来不怯场。但一下子要扛起两个小生命，我还是怕了、尿了，完全不确定自己的身体能不能撑得住她们的健康成长。因为之前体寒，虽然已经调理了很久，但不知道给宝宝们的"房子"够不够好、够不够坚固，能不能稳固得住下两个宝宝，我的腰肌劳损、我的脊椎能不能承担起两个宝宝的重量……虽然有很多这样那样的担心，但我下决心不顾一切，竭尽全力保护我的两个宝宝。我摸着肚子说："谢谢你们选择了我当你们的妈妈，你们相信妈妈对不对！"

有了软肋，也有了铠甲

我终于不再是那个咋咋呼呼的小女孩，开始用长满羽翼的翅膀保护我生命中重要的人。

坐轮椅录节目

当时我其实很希望暂录几期节目，回家安心静养。于是回到台里后，我找到《快乐大本营》的制片人刘伟，还有何老师，跟他们说了这件事。他们理解我的担忧，也知道孕期前三个月要多注意。但在《快乐大本营》二十周年这样的时间节点，缺席不太好，也不知道该怎么解释。

于是我急中生智，说："要不坐轮椅录吧？反正我韧带拉伤挺严重的，本来就不能长时间站立，不奇怪。"

现场录制的时候，其他人不明白，还有同事很贴心，觉得我的那个轮椅不好看，影响我的整体形象，自作主张喷了粉红色的漆，打扮了一下。可是那个油漆味儿闻着特难受，我都想吐了，但是他一番好意，我只能忍着难受说"谢谢啊"，同事说："不用谢，娜姐，你这脚很严重啊！"

我指着脚，笑着说："严重，特别严重。"

我有作为新手孕妇应有的自觉，除了不做剧烈运动，还不敢过度熬夜。幸好那段时间，节目录制还算顺利。

只是有一次，录完节目，有个导演希望我们留下来拍个宣传片。我担心录到下半夜，就问需要多久，他说很快，只要半个小时。

结果准备工作很慢，还没开始拍就已经12点多了。

平时，属夜猫子的我熬熬夜是没有问题的，那时却觉得特别累，实在撑不住了。我觉得这样撑着会影响两个宝宝休息，影响休息就影响成长，所以我立马说："不好意思啊，我要回家睡觉了，我的镜头明天再拍吧。"

导演挺为难的，看着何老师。而所有人里面，只有何老师知道我的秘密。

他看了看我的状态马上说："娜娜，你先走吧，先拍我们几个的吧。"

　　我没法跟大家解释，在回去的路上，我跟何老师发信息说"谢谢"。这次之后，我思前想后，决定暂停工作。一方面是为了避免以后出现更多类似情况，给其他人造成困扰；另一方面是放松自己的心情，我害怕出现不可控的事情。

　　但是，有些工作是之前确定好的，没办法立刻喊停，我只能硬着头皮撑下去。像《跨界歌王》半决赛的录制，我就没办法推掉，杰哥很担心我，那一场来做了我的帮唱嘉宾，跟我合唱《天下》，我安心了许多。

　　不过，我又无意中"为难"起了造型师。那天，他为了搭配曲风，给我选了一套偏古装的长裙，需要穿高跟鞋。要是平时，我肯定会答应，但特殊时期，特殊对待。

　　我说，请帮我找一双平底鞋，有一点点鞋跟的那种也行。他特别奇怪，跟我解释，穿平底鞋没办法显出女王的霸气范儿。可我知道，比起好看，自己更在意的是什么，但是我又不能跟造型师说实情。最后造型师没辙，找了一双只有一丁点跟的鞋。

　　表演期间，有从台阶上走下来的环节，杰哥还特别贴心地牵着我的手。

　　也是在那一刻，我突然意识到，天不怕地不怕的我生命中长出了新的软肋，而那些看似过于胆小的坚持都是我保护她们的铠甲。

　　很多人说"女子本弱，为母则刚"，我反而一改马大哈的性格，开始了小心翼翼、提心吊胆的日子。但这不全是坏事，至少紧张和忐忑让我变得更懂得珍惜拥有的一切。

你来了，我变了

因为有杰哥的帮助，《天下》那场我唱得特别好。为什么这么好呢？这么说吧，这首歌几乎全是杰哥唱的，大家在现场还调侃我，说我这哪里是帮唱，明明是杰哥唱，嘻嘻。反正因为杰哥，我几乎满票进了决赛。大家看了都觉得很感慨，十几年前杰哥比赛时我去给他帮跳，为他伴舞，十几年后我比赛，他来给我帮唱。对，这，就是爱。哈哈。

决赛的曲目是《我变了》，我很喜欢那首歌的歌词："我变了，碰到你什么都对了。爱上你，下雨也快乐。"这是一种幸福的变化，刚好能映照我的心情。

在遇到杰哥之后，我也变了。在认识他之前，我其实没有看上去那么自信，也不像现在这

十几年前给杰哥伴舞

样发光发亮，是杰哥让我变得无敌自信，让我时时刻刻知道——有那么一个美好的人正爱着我、支持着我，我可以变得同样美好、同样勇敢。

这首歌每个字、每个呼吸都是杰哥教我的，对我来说，这首歌还是有些难度的。上台前，我摸着肚子，在心里说："宝宝们，妈妈要唱歌了，这首歌你们听着哦。"

等真正唱的时候，出乎预料地有感觉，《我变了》成了我在节目中唱得最好听的一首歌。回看视频，我唱歌时的笑容好甜。

你来了，我变了。

世界都开始绚烂和精彩。

后来，我想，这是因为自己的身份又发生了变化。从女友变成妻子，又从妻子变成妈妈，每次身份的变化都会让人产生一些或微弱或强烈的震动。

一个人时，我们可以横冲直撞，义无反顾。

一家人时，我们就需要谨慎小心，注意安全了。

总之，我是新手妈妈上路，两位天使，请你们多担待啊！

接纳变化，处处惊喜

说"请多担待"，这一点都不夸张，因为我对做妈妈这件事完全没概念。

几年前，我还跟何老师讲过，没办法想象自己当妈妈的样子。也是，朋友眼中的我像个假小子，风风火火，独立要强，疯起来也是地动山摇。我也习惯了边忙工作边享受快乐的生活，不知道怎么一下子变得像个妈妈那样沉稳成熟。

但真当了妈妈，人会自然而然地发生变化，就像打开了身体里的某个开关，自动自发变得温和柔软。

作为天生闹腾界的表率，熟悉我的人都知道，我喜欢热闹，爱玩，根本待不住，没事儿都要去超市走一圈。我都无法相信，自己居然真能安安稳稳待在家里，不吃火锅，不喝可乐，不碰麻辣小龙虾（天啊，我的"长沙麻辣小龙虾之王"的称号可能要保不住了）。

当然，开关归开关，真要做到不出门、不吃辣，也没那么简单。但我还是努力学着做一个好妈妈，想好好照顾自己和肚子里的小天使们。

慢慢地，适应了新身份，我也体会到了另一种崭新的快乐。它跟从父母、从杰哥、从朋友、从工作当中得到的快乐截然不同。谢谢小天使们，让我感受到前所未有的满足。

人生就是这样，接纳变化，处处惊喜。

不能说的秘密

你来了，我变了。世界都开始绚烂和精彩。

当下最重要的事

对孕妇来说，好像有个不成文的规定，怀孕不满三个月，最好不要对外讲。一方面是前三个月胎儿状况不稳定，需要多多观察；另一方面，孕妇容易提心吊胆，最好能安心静养，不要受外界打扰。

很多人以为我是左脚韧带受伤，在家休养。我索性将错就错，利用养伤的时间安胎。

说是安胎，其实更像给自己充足的时间想清楚一些事情。我原本计划三个月后，继续回去工作，当时跟制片人和何老师也是这样约定的。很多女艺人怀孕三个月后，还是会照常工作，她们的工作量可能比我主持节目更大一些。我乐观估计，她们能行，我也能行。

但在这种有风险的事情上，我可能还是想找个心理依靠，不敢自己轻易做决定。真快到三个月的时候，我去了一趟医院，咨询医生的专业建议。医生没给我肯定答案，说决定权在我，只是建议我休息。不过她又说，如果工作的话，可能待产的时间会过得快一些，也能转移一部分注意力，没那么焦虑。

我回家以后想了想，如果现在继续休息，应该会一直休息到生产、坐月子、母乳喂养期结束。也就是说，至少有一年半的时间我都要在家待着，喜欢热闹的我待得住吗？

我问杰哥的想法，他也和医生一样，尊重我的决定，不管我怎么选都会支持我。看着他的眼睛，我可以知道，他还是希望我孕期能舒舒服服地在家里休息。只要答应工作，哪怕主动缩减工作内容，我还是会需要处理一些琐碎的杂事，有的费心，有的劳神，多多少少会觉得疲惫。

又过了两三天，晚上七点钟，我在浴室洗澡，摸着肚子，感觉宝宝们长得实在太快了，自己三个月的肚子已经像别人五个月的那么大了。

宝宝们好像在很努力很努力地长大。

我问自己：谢娜，你觉得自己现阶段最重要的事情是什么？

做一个好妈妈，一个能保护孩子的妈妈。

以前，我最想做好的事是不让喜欢自己的人失望，不管是主持还是演戏，都拼尽全力，想当一个很好的艺人，正能量的艺人。

但在那一刻我发现，自己想要安心体验怀孕的过程。很多事情可以延期或者推掉，但跟宝宝们相处的过程无法复制。

我告诉杰哥这个决定的时候，他拥抱了我，特别特别高兴。那时我的肚子有一点凸起了，杰哥抱得很小心。我能隐约感受到这个拥抱的不同，不仅仅是爱人之间的紧密相拥，更多了家人之间的爱和羁绊。

有时候我会想，人活着就是在增加或缩减跟不同人的联系，有人短暂地相聚又很快地离开，有人则从某个时刻开始留在了身边。时间和事件加深了彼此在对方生命中的烙印，最终让彼此成了对方生命中重要的人。

我和宝宝们，也将从某一刻开始，产生切割不断的牵绊，成为对方的唯一。

干爸爸来访

我休息的那段时间，刚好赶上何老师工作上的忙碌期。隔了几周，他抽时间到上海来看我，一见面，他就说："娜娜，我的妈呀，如果只看你的脸和四肢，根本不知道你怀孕了！你浑身上下只有肚子变大了。"

我好开心呀，实在不想一怀孕就变成胖乎乎、圆滚滚的样子。

南方的空气湿润，呼吸起来很舒服。我们三个人在阳台上聊天，何老师和杰哥喝着红酒，还互相充当"摄影师"，我们还是像我怀孕之前那样嘻嘻哈哈，只是我的笑温柔了很多。自从怀孕以后，我都会控制自己的音量，说话、笑、唱歌，都不会太大声，怕万一是宝宝们睡觉的时间，会被吓到。

说到宝宝们的干爸爸，绝对非何老师莫属。

何老师很像我的大哥哥，一直帮助我、爱护我，给了我很多力量。其实，更准确的说法是，亦师亦友。我和杰哥能认识，当然也是因为何老师。他一路看着我们两个人走到现在，是最了解我们的人。也是那天，我跟他商量，接下来的日子想继续休息，暂时不回《快乐大本营》了。

何老师特别理解我的担忧和害怕，告诉我，我的心情和宝宝的健康是最重要的。他说话时看着我的眼神透着欣慰，他一定觉得，一路上需要他照顾的小女孩，突然间长大了，要开始照顾自己的小宝宝，开始用长满羽翼的翅膀保护生命中重要的人。

六周年的礼物

撑过了三个月，我心里的担忧总算放下了一些。但还没有想好什么时候跟大家分享这份喜悦，又怕宝宝们想要先保持低调。所以，这个让人喜悦的秘密暂时还没有公开和大家分享。我继续在家里待着，最多在家附近走一走，或者去江边走一走，呼吸一下新鲜空气。

有段时间，杰哥在苏州录制节目，我在家里待着无聊，和他一起从上海坐车去苏州。节目组安排的酒店刚装修完没多久，我担心有点味道对宝宝不够好，又另外订了旁边的酒店。酒店房间的窗外有条河，风景特别好。杰哥工作的时候，我还去诚品书店逛了逛，买了几本书，无聊时能看看。我还记得当时拍《偶像来了》的时候也去诚品逛过，这次再去逛感觉可真不一样，这次看的都是关于怀孕的书呢，我边逛边为自己自豪，哈哈。

我的睡眠时好时坏，有时凌晨三四点钟会醒，必须到阳台上透气。

有一天，我醒得很早，一个人爬起来走到阳台那里。杰哥也醒了，陪着我。

那天刚好是 9 月 26 日，我们结婚六周年纪念日。

这一天也是我们预定公布怀孕好消息的日子，早早醒来，有可能是我太兴奋了，也有可能是宝宝太兴奋了，藏了这么久的秘密终于要和大家分享了。之前我好多期没有录《快乐大本营》，请假原因说的是韧带拉伤，其实网上也有人在猜测会不会是怀孕了，但我们毕竟没有明确表态，所以大家也只是猜测。

上午十点多，杰哥发了一条微博，告诉大家这个消息，我也转发了。然后，我们和我们的手机一起经历了一场"信息大爆炸"。

霎时，铺天盖地的祝福涌来。朋友们都特别惊喜，他们压根儿没有想到，我们俩会在这个时间扔出这样一颗粉红色的炸弹。

我一整天也晕乎乎的，好像卸下了一个大包袱。

自从知道自己怀孕之后，我总觉得自己小心多过狂喜，谨慎大于兴奋，真正跟朋友们分享后，才踏实了，觉得自己是个公认的准妈妈了。不过，大家还并不知道我怀的是双胞胎，双重惊喜，嘻嘻。

那天晚上，我兴奋得有点睡不着觉。但杰哥第二天还要录节目，我让他休息一会儿，自己躺在旁边打开手机写日记。

我在日记里写道："蹬蹬和逗逗（这是宝宝们在肚子里时我给她们取的名字），你们知道吗，今天爸爸妈妈向全世界宣布你们来到妈妈肚子里啦，接受了好多好多好多祝福。他们都好爱好爱你们，也好为我们开心。你们还没有出生就有这么多的爱啦，你们好幸福啊！妈妈好爱你们，好爱爸爸，我们是幸福的一家人。明天要回上海搬新家啦，期待。爸爸后天凌晨就要出发去米兰开演唱会啦，要出去一个多礼拜，妈妈会很无聊吗？总之，我要好好休息、吃东西，养好你们是最重要的。"

我觉得写日记是个很有仪式感的事情，好像一个字一个字写下来，就能把内心深处的情绪融入其中。不管我是欣喜还是担忧，将来再阅读的时候，都能记起当时的情绪。特别是怀孕日记，虽然好像流水账，但对我来说，这些微不足道的文字积累起来，就是一份最好的礼物。我可以把它送给已经长大成人的宝宝，也可以送给随着时光流逝逐渐遗忘了它们的自己。

那个不能说的阶段，终于熬了过去。

我又变成了心直口快的娜娃子。

爸妈在身边帮忙照顾，杰哥时刻相伴，肚子里的宝宝在一天天长大，我总有一种人生圆满的感觉。

安个小小的家

我所有的小心翼翼，都是为了还没长到足够大的宝宝们。

安个小小的家

刚休息那会儿，我还在长沙。爸爸妈妈一得知消息，立刻从四川过来陪我，但长沙太热，像个蒸笼一样。他们陪我到长沙附近的山上住了几天民宿，山上空气好些，也凉快一些，但这不是长久之计，我们就讨论接下来怎么办。

爸爸妈妈提议回四川，那里气候养人，适合安胎。但我不敢坐飞机，于是查了一下从长沙到成都的高铁，差不多要八个小时。时间太长了，会很累。

刚好杰哥一个在上海的姐姐跟我们说，上海的天气还可以，不算热，而且他们家在郊区有一栋别墅，他们暂时没去住，我们可以借住一段时间。

我查了一下，从长沙去上海坐车需要四个多小时，能接受。我就跟杰哥商量。他之前在上海住过一段时间，也觉得那里不错。所以，我们决定搬去上海住一段时间。

朋友家别墅周围环境很好，有草坪，有人造沙滩和游泳池，每天下午四五点钟，会有很多大人带着宝宝去那边游泳。我也在差不多的时间，戴着眼镜和遮阳帽，找一个靠边的沙滩椅，坐在那里看玩耍的宝宝。

我发现不同的宝宝也有不同的性格，明明那么小的人儿，可还是给人各种各样的感觉，也会忍不住想自己的宝宝以后是什么样子。

别墅旁边还有一大片草地，每次路过，我都说，等以后宝宝出生了，我就带她们到这片草地上跑跑。

在那个地方暂住了一个多月后，因为实在离市里比较远，有近一个小时的车程，离我检查的医院也比较远，往后会不太方便，所以我和杰哥商量着搬去离医院更近的地方。于是，我和杰哥去看了几套房子，最后在离医院较近的地方租了一套房子。

新房子附近比较繁华，我每天会戴着口罩出门逛街，或者去江边走走。有时我需要用洗手间，女卫生间通常需要排队，我站在外

面等时，经常会有人让我先用，每到这个时候我会觉得很有趣，也
会跟宝宝说："你看，因为你们，妈妈可是有不少不一样的待遇哟，
你们还在妈妈肚子里就能让妈妈享福啦。"每次我可以先用洗手间

的时候都会在里面偷偷乐半天。这种感觉也挺好玩的，也只有这段时间能够享受到啦。

他们让我不孤单

中秋节的时候，杰哥刚好在意大利巡演。我买了月饼，晚上赏着月亮跟杰哥视频，还拍了好多张月亮的照片，觉得这个中秋节的月亮特别好看。而且我一点都不觉得孤单，因为有肚子里的两个小天使陪着我，心里满满的。

在上海的那段时间，朋友们知道我怀孕，纷纷来家里探望我。我很喜欢朋友们来玩，每次他们来坐一坐、说说话，时间就会过得快些。更何况我的朋友们都很有趣，经常发生一些好玩的事，我可以讲给宝宝听。

记得海涛来看我的时候，专程去排队买了一个特别难买的网红蛋糕。我当时刚吃完晚饭，所以没打算当天吃蛋糕。我随手把蛋糕放在桌子上，带着海涛在房子里转了转。

转完之后，他坐在我旁边聊天，没一会儿话题回到了吃的上面。海涛问我："娜姐，你今天不吃蛋糕吗？"

我说："不吃啊，明天吃。"

他一直催着让我当天吃，不然影响口感。我们就把蛋糕拿过来

切了，我尝了一小口，因为实在太饱了。那会儿宝宝越来越大了，老觉得顶着胃，每顿都吃不了多少，我就少吃多餐。海涛一边跟我聊天，一边不停地吃蛋糕，眼看着他一块一块地全吃光了，其间还一直跟我聊他最近在运动减肥。不知道为什么，他坐在我前面的地上，一边吃一边让我有种幻觉，觉得他的脸越来越大，好像一个大

头娃娃，特别可爱。

　　还有杨迪，好好笑。他拎着一个名牌的袋子来，我看真的是很贵的牌子，应该要花很多钱。他平常很节俭的，我就说："你干吗，赚钱也不容易。"结果那里面装的是一大包核桃，说是他妈妈从四川邮寄过来的特产，给我肚子里的宝宝补脑。后来，我还在袋子里发现了几袋方便米粉和两个烧饼，特别匪夷所思。我问他："送我烧饼你是怎么想的呢？"他一边吃着我怀孕时喜欢吃的锅巴一边说："因为我觉得好吃。"我说："为什么是两块？"他说："就是尝尝鲜，买多了也浪费。"然后他快把我的锅巴吃完了，问我："家里还有吗？"我说："还有。"看他那意思想打包带走，我立马拿着锅巴包装上面的二维码，让他扫，说："这样你就可以买很多回家吃了。顺便帮我再买几袋。"这可真是斗智斗勇啊，幸好我机智，要不然这趟就亏大发了，徒儿怎么能比师父还抠呢，对不对？大家好，这里是师徒版的天天理财。哈哈哈……

我还有一个跟杨迪能组团的"神经病徒弟"，他叫方家翊，综艺神兽，他送给我几把扇子和一些香薰蜡烛。是不是听起来没什么特别？那你就错了。方家翊买的是空白扇子，能自己在上面题字的那种，但他不会题字，就找了一个朋友，手把手教他。因为方家翊有点宽胖，朋友抱着他很吃力，教到最后，听说那个朋友还热得脱掉了上衣。我收到的扇子，其中一把上面写着张夫人，一把上面写着太阳女神。我确实没有悟到这个礼物的意义。

问他为什么这么努力送我几把扇子，他认真地说："因为姐姐你善良（扇凉）。"

我说："哇，好吧，谢谢你费心题字了啊。"

隔了一段时间，方家翊又送来一堆香薰蜡烛。我问他："你送蜡烛是什么意思？"

他说："因为我想拉住（蜡烛）你。"

什么鬼！

我说："家翊啊，姐姐太感动啦！以后你来就来，就不用费心送礼物啦。"

他说："不，姐姐，以后还有很多有意思的礼物送你呢。"

妈呀，不要啊！

还有刘维来家里的时候，给我买了好几款大富翁游戏，这是我第一次玩这个游戏。玩游戏的时候，他还拿出一个计算器，我说干吗，他说算收入和支出。对于怀孕的人来说，这种还要算来算去的游戏真的好难啊。我们玩了一下午，他走的时候问我："娜姐，你喜欢这个大富翁游戏吗？"我想了想，问他："我今天下午在大富翁游戏里面赚的钱是真的吗？"他说："假的，是游戏。"我说："那我不喜欢。"哈哈哈哈哈。

还有徐浩，他给我送了一个幻灯机，晚上睡觉的时候我把它打开，天花板上就会映上满片星空，有种睡在露天里的感觉，很有创意啊。哈哈。

反正那会儿我收到了好多奇奇怪怪有意思的礼物。不过说实在的，我还挺喜欢他们送的奇奇怪怪的礼物的，因为真的会给我的孕期带来很多欢乐。

被温暖包围着

当然，我也不仅仅有这些"无厘头"的男孩朋友，还有很多特别贴心的女孩朋友。

我和杰哥公布消息的时候，没告诉大家怀的是双胞胎，我们想等到宝宝出生以后，再告诉大家——双倍的惊喜哦。所以，怀孕期间，朋友们送礼物时都送的单份儿。

有一次，奚梦瑶来看我，送给宝宝一个特别可爱的小凳子，她说等宝宝出生以后可以坐。小凳子摸起来毛茸茸的，特别软，两个木质扶手也做得很像小小的鹿角。我特别喜欢，脱口而出道："好可爱啊，怎么只有一个啊？"问完我立刻意识到我说漏嘴了，幸好她一下子没听出来，回答说："等我看到其他可爱的再买。"哎呀，我真的好想好想对她说，我肚子里有两个宝宝，你以后可能得再送一个啦。嘻嘻。但每次话到嘴边又咽下去，这对我来说真是太难啦！不过后来宝宝出生以后，她真的又买了一个一模一样的小凳子送我，哈哈。

还有，后来我肚子越来越大，很多衣服穿不了。我看到丫丫（佟丽娅）在机场拍的一张照片，她穿着一件特别宽松的黑色羽绒服。我觉得那件羽绒服既保暖又好看，就发信息问她是什么牌子，发个链接给我，我也想买一件。

但丫丫第二天直接把那件热乎乎的羽绒服邮寄给我了。她说穿过一天别嫌弃，因为怕我急着需要，再去买比较浪费时间，就赶紧先寄过来了。我赶紧穿上羽绒服，很长很大，脚都可以遮住，每次出去散步，我就往家居服外面一套，好方便，而且下摆是偏大的，还可以在一定程度上遮一遮我的大肚子。那是孕后期我最喜欢穿的一件外套，身上温暖，心里也很温暖。

还有我的"快乐家族"，何老师、嘉哥、昕昕、海涛，我们不知不觉在一起工作了十几年，我们之间早已经不是同事那么简单。虽然我们有完全不同的性格和不同的生活方式，但是彼此的心始终是在一起的。虽然我请假缺席了一年多的《快乐大本营》，但是每一期《快乐大本营》结束的时候，他们都会欢快地对着镜头喊"娜姐、娜娜，等你回来"，让我感觉我并没有离开，一直和他们在一起。

当然还有很多很多这样的细节，不管是朋友们到家里来看我，还是给我送来一件件贴心礼物，或是通过各种方式给我问候和祝福，在接收到他们心意的那一刻，我都知道，自己和肚子里的宝宝们是被大家关心着爱着的。这种温暖的感觉会给我很多力量，因为怀孕的过程就像闯关一样，虽然心里会有担心、会有害怕，但是必须鼓起勇气，尽力保持快乐的心情，一关一关地闯，一关一关地过。如果在这个过程中有家人的理解照顾，有朋友的关心，真的能给我增添很多能量，陪伴我渡过任何难关，去迎接胜利，迎接最爱的宝宝们来到这个世界。

所以，谢谢你们，我可爱的、温暖的朋友们，有你们，我很幸福。

睡不着小姐

做手工是一件太需要平心静气的事，我这么毛躁的人，以前想都不敢想。但怀孕之后，我发现自己改变了很多。每一件小小的作品，都记录着我度过的时间。等蓝色的围脖织完，一转眼，孕期已过了大半。

可爱的小熊先生

前段时间，我把怀孕时做的小熊先生连夜"加工"了一下，先缝严实有点晃动的眼睛，又把洗开线的地方补好。此刻，小熊先生又复活了，它的身体里塞满了棉花，抱起来很柔软。

我真的没想到，跳跳和俏俏那么喜欢跟它一起玩，经常带着它在家里"冒险"，东一下，西一下，玩起来不亦乐乎。我不在家的时候，有我亲手做的小熊先生陪着她们，心里好像也会安慰许多。但是，我真的无法想象，自己变成手工达人，不仅自给自足，还能做出来送给朋友的孩子。

我选择做手工的原因特别简单——打发时间。

怀孕后不能经常出门，待在家里又很容易无事可做，而我是一个特别怕没事做的人，根本闲不住。没有事就创造事嘛，我想来想去觉得做手工是个不错的选择，不用走来走去，还能锻炼动手能力。

说干就干，我准备材料、工具、教学视频，一个步骤一个步骤地尝试。

后来我把做好的玩具发到朋友圈，有不少有宝宝的朋友喜欢，纷纷留言预订，像子怡、阿雅、佟丽娅、朱亚文、朱桢等，我都给他们的宝宝做了小熊。

我觉得这样没事找事做挺好的，答应了送给朋友们手工玩偶后，我反而比之前过得更充实。每天像上班一样给自己安排好计划表，盘算好这两天必须完成谁的手工玩偶，过两天又必须做好谁的，就这样，一转眼一个礼拜过去了。

其实，每次做完一个手工玩偶，我都特别开心，尤其是朋友们喜欢的话，我会更加满足。

这些手工玩偶既是一个小小的礼物，也是一份美好的祝福。

最最开心的是，收到这些礼物的朋友那段时间恰好运气特别好，朱亚文参加《声临其境》，拿了冠军；丫丫参演的电影《超时空同居》，票房大卖；阿雅的综艺《奇遇人生》口碑也特别好。还有子怡，后来（被我忽悠来）一起参加了第二季《妻子的浪漫旅行》，现在又有了宝宝，事业、爱情两得意。朱桢也是工作顺利、生意兴隆。当然，这些好成绩跟我没啥关系，但是我心里还是会开心地想：嗯，一定一定有一点点我孕期做的小熊熊传递的好"孕"气。哈哈哈……

和朋友一起做手工，聊聊心里话

如果问，谁是我朋友中最明白做手工乐趣的，应该非阿雅莫属。有一天，她来上海看我，我正在家里做手工。

阿雅吓了一跳，走过来说："妈呀，这真的是我认识的娜娜吗？"

她印象里我一刻都闲不住，根本不可能坐在一个地方拿着针线缝玩偶。其实，我也觉得不可思议。但阿雅特别可爱，立马坐在我旁边，抓起一个小熊让我教教她怎么做，她也想亲手做一个送给女儿。

那天阳光很好，坐在客厅靠窗的沙发上，太阳光照在我们的身上、脸上，我教她怎么做小熊，送给她的女儿。我是她女儿的干妈，但是我觉得我这个干妈啥也没为我干女儿做，只在她小时候抱过她，带她逛过一次超市。我这个对带孩子啥也不懂的干妈差点给她买奶茶，幸好同行的保姆赶紧说："不行不行，她还小，只能喝奶。"总算没有闹出大笑话。现在她都长成小小大姑娘啦，每次想起来都觉得有些愧疚。我们一边做手工，一边闲聊。阿雅问我怀孕的感觉，我想了想说："肚子里有了小生命，每一天都可以听到我的心跳声，我也可以听到小生命的心跳声，好奇妙的感觉，好像我有超能力。哈哈。唯一就是睡不好，我已经半个月没有好好睡一觉了，昨晚我就坐了一夜。"

记得怀孕期间我睡眠最不好的时候，是怀孕七个月那会儿，经常整晚整晚地睡不着，会睁着眼睛看窗外的天色变黑，再从天黑看到天亮，心里特别无助、急躁、担忧。

我每天都像往常一样准时地躺在床上，但无法入睡。最开始还好，但时间越久，我越担心因为自己缺乏睡眠而影响肚子里的宝宝。

我睡不着的话，宝宝们是不是也没办法休息？没办法休息是不是会影响成长？或者说，妈妈的作息时间不规律，宝宝们出生以后的作息也是紊乱的？我好害怕宝宝们以后也像我现在这样整晚整晚地不睡觉。

这个情况持续了半个月，我无计可施，只好联系自己的主治医生。他是上海仁济医院的狄医生，五十多岁了，经验丰富，应该对孕妇们的担忧习以为常了吧。

那段时间，我应该快把他烦死了。

我说："医生，医生，我总睡不着觉怎么办啊？你要不给我打个麻药或注射点安眠药吧，我只想好好睡一觉，这样宝宝也可以好好休息一下啊。"

狄医生说："不行的，你是孕妇，这样对宝宝不好。"

我挺绝望的，但一听到对宝宝不好就放弃了。又接着问医生："那怎么办啊？"

医生就回复说："挺过去。"

哈，医生可真是"铁石心肠"啊，居然让我挺过去！

但是这件事，也真的只有自己挺过去啊，旁边的医生、家人、朋友最多只能为你打气啊。

接下来我真的用好的心态挺过了那段时间。人就是这样，不逼自己一把，可能都不知道自己的承受力和忍耐力有多大，特别是不怀宝宝不知道自己什么都可以做到。

那段时间，我每天一想到自己该睡觉了，就特别害怕。为了能入睡，我买了各种各样的孕妇枕，有的可以垫肚子，有的可以垫腰，还有的可以垫全身，我每隔一个小时换一种，就是希望其中一个能帮助自己至少能睡一会儿，哪怕只有一个小时。

但不论怎么尝试，优质的睡眠都不曾回来。那段时间，入睡成了我人生中最困难的事。

即便这样，我还是时刻提醒自己，绝对绝对不能崩溃，因为情

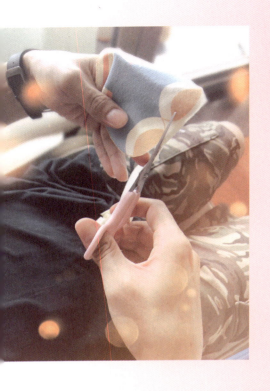

杰哥和我一起做的玩偶

绪崩溃才是真正影响宝宝发育的因素。我知道宝宝们能感受到我的情绪，如果我生气，宝宝们会难过；如果我开心，宝宝们同样会感到开心。所以，哪怕长期无法休息好，我也一直告诉宝宝："妈妈没事呀，妈妈怀了你们，觉得自己特别幸运。老天爷是很公平的，每个孕妇都需要在便秘和睡不好中随机挑选一个，妈妈已经占了一个好处，另一个忍忍很快就过去啦，哈哈。"

我觉得怀孕就是一件既辛苦又幸福的事，无论如何，都要保持愉悦的心情，不然宝宝们该皱眉头了。

杰哥的围巾变围脖

不过，我也有"失败"的作品。

有一次，我买好了毛线，打算亲手给杰哥织一条围巾。我想象着杰哥围着它的样子，长长的蓝色围巾在脖子上绕几圈后留一段垂下来，看起来特别帅气。但我没有织围巾的经验，起针就起宽了，以至于它比一般的围巾宽三倍。虽然我每天都织一会儿，但好像怎么织都织不完。

我原本计划把围巾当生日礼物送给杰哥，想着要是没法完工可怎么办啊。

为了能赶在生日前织完，我灵机一动，把它改成了一条围脖。

我每天就像勤劳的小蜜蜂一样，织啊，织啊，最后终于赶在杰哥生日前织好了，作为生日礼物送给了杰哥。杰哥收到后特别开心，在家里围着走了好几圈。

怀孕期间因为肚子里有两个宝宝实在不方便，我没有去运动，也没有去旅游，每天都待在家里，于是我不停地给自己找事情做，每次我做手工，既能静心养气，又有成就感，还能收获很多意想不到的快乐。

我觉得亲手做的东西，可能就是有一种特别的温度吧。怀着一颗温暖的心制作它，收到它的人也能感受到其中饱含的心意。不管是玩具还是围脖，都是这样，其中藏着一份清晰的手工记忆。

我是"睡不好小姐"，也是勤劳的手工达人。

你看，上天就是这样，总会在关上一扇门的时候，再打开一扇窗。最重要的是，我们怎么透过这扇崭新的窗户看待自己、看待世界。

亲手做的东西，可能就是有一种特别的温度吧。

怀着一颗温暖的心制作它，收到它的人也能感

受到其中饱含的心意。

不管是玩具还是围脖，都是这样，其中藏着一

份清晰的手工记忆。

给杰哥织的围脖

Chapter 2

我的幸福时光

在认识他之前，我其实没有看上去那么自信，也不像现在这样发光发亮，是他让我变得无敌自信，让我时时刻刻知道——有那么一个美好的人，正爱着我、支持着我，我可以变得同样美好、同样勇敢。

初次见面，你们好呀

电影《阿甘正传》里有一句台词："人生就像一盒巧克力，你永远不知道会得到怎样的惊喜。"你们就像是生活赠予我的礼物，我正品尝着第一次做妈妈的这份甘苦。

从长沙搬去上海后，我也开始准备定期孕检。跟杰哥商量后，经他的朋友庄医生推荐，我们选择了上海仁济医院，是一家公立医院。考虑到我怀的是双胞胎，年龄也不小了，怕生产时可能会出现一些突发状况，我们请到了很有经验、看起来说话很快又很喜庆的狄医生为我检查和接生。

我们决定去公立医院，就需要面对人多的事实。没有办法提前预约，所以我每次去都是戴着口罩，跟大家一起排队挂号。

我每次过去见医生都像个乖学生，认认真真听他安排，竖着耳朵，听清楚要注意的每一句话、每一个字。真的，我长这么大都没那么乖过，我是很容易跑神的人，每次这个时候我专注得恨不得不要呼吸，怕太大声漏掉几个关键字。我想第一次怀孕的妈妈都是这样的吧。

第一次去做 B 超，就看到了肚子里的宝宝。宝宝们跟我想的不太一样，老实说，我也想象不到宝宝们到底是怎样的，只是见到之前总会在心里默默地想着宝宝们。

医生拿着仪器在我的肚子上滑动，我们就能在屏幕上清晰地看到两个宝宝：一个宝宝背对着我们优雅地侧躺，很安静；一个宝宝则活泼地仰躺着，一直在蹬腿，从而成功地吸引了我们的注意。我指着蹬腿的宝宝说："你就叫蹬蹬好吗？"接着宝宝又蹬了几下，好像表示认可，哈哈。

我们一边看，医生一边介绍，说这是宝宝的眼睛，这是宝宝的胳膊，这是宝宝的脖子。第一次见面嘛，我特别激动，有时候眼睛跟不上医生的语速，他可能已经说完了大腿、小腿了，我还在找宝宝们的脖子，嘴里一直念着"真好真好，好可爱啊好可爱啊"。其实根本看不太清楚，但就是觉得好可爱啊。

宝宝们实在太可爱了，真想天天和宝宝们见面啊！但医生马上给我来了一个"晴天霹雳"：几周以后我才能再做检查！什么？那接下来我不是有好多好多天见不到宝宝？！

我不同意，想多做几次检查。但医生告诉我，做 B 超多多少少会有一点点辐射，孕妇最好按照医嘱做检查，最重要的是平时要吃好、睡好、心情好，这才有助于宝宝的成长。于是我立刻变回乖学生，听从医生的话。

每次去医院做 B 超，理所当然就成了我孕期最期待的事。

记得有次检查，医生拍到宝宝手的时候，我和杰哥发现宝宝比了一个"V"的手势，就好像在跟我们打招呼，说"爸爸妈妈放心吧，我一切都很好"，把我们俩乐坏了。

不管去几次，看了宝宝们多少回，我都感觉不够。每次看到我还会编故事：杰哥杰哥，你看你看，好可爱啊，在跳舞吧；哎呀，好像手拿话筒在唱歌吧；好搞笑啊，在抠脚吧；哎呀，好安静啊，在思考吧。反正每一次都能看到不一样的宝宝们。每次检查的前几天我都兴奋得不行，感觉是和宝宝们约着见面的日子，还要把自己打扮一下，虽然大着肚子没太多可以选择的衣服，但还是会尽量选最好看的，而杰哥总是乐呵呵地看着宝宝们，看着我，在旁边给我们拍照或者拍视频记录下来这一切，他的手机里有好多珍贵的照片。每次去医院，给我检查的医生就会说："哎呀，宝宝真能吸收妈妈的营养啊，又长大了很多啊，而且两个宝宝很团结，营养吸收得差不多，没有一个抢得多，一个抢得少，都长得差不多大啊。"每次听着我就觉得好欣慰，开心地摸摸肚子，感觉就像猪八戒开心的时候那样哈哈乐。

话说怀着两个宝宝的肚子，三个月像五个月，五个月像八个月，八个月像宇宙那么大，宝宝们一点一点长大，而每过一段时间，杰哥就会陪我去医院检查，以这种特别的方式和宝宝们见面交流。每到这个时候，我都像过节一样开心、兴奋，刚检查结束就又期待着下一次的到来。

我的两个小天使啊，谢谢你们，在妈妈肚子里的时候就给妈妈带来这么多的快乐。

怀孕时总是会梦到婆婆爷爷

我怀孕的时候，经常会梦到我的婆婆、爷爷，也就是我妈妈的妈妈、爸爸。婆婆在山村里做了一辈子教师，爷爷曾经在成都跟英国皇家空军足球队踢过一场激烈的足球赛，爷爷是前锋，可勇猛威武了。当时几万人观战，报纸上都有报道。爷爷还有一副好嗓子，可以唱川剧的女腔，在我们那里是出了名的。

梦里我有时还会回到小时候，那时婆婆、爷爷退休后开了一个小卖部，水果糖、饼干、果丹皮，有好多好吃的，还有两个大缸，

里面装着醋和酱油，街坊邻居都在这里买东西。这个小卖部可是我和表姐的乐园啊，有时候婆婆、爷爷进去做饭，或者上洗手间，我们会帮忙看铺子，每次婆婆、爷爷回来都会乐呵呵地奖励我们一颗水果糖，或者一个果丹皮，或者一块饼干，我和表姐每次拿着奖品都会兴奋地跑出去找个地方坐着慢慢吃，慢慢品。我们最喜欢到婆婆、爷爷这里玩，这里的饭菜可好吃啦，爷爷有好多拿手菜，好会做调料，哪怕是一碗面都好吃得不得了，现在一想到就流口水。

我和杰哥结婚以后每次回中江，婆婆就会笑眯眯地拉着我的手问："啥时候给我抱孙孙啊，我要帮你带。"每次我都会说："哎呀哎呀，我知道我知道，别催别催我啊！"然后我就跑到一边去了。现在，我怀孕了，而婆婆、爷爷已经去到一个很美丽的地方，我相信你们都知道了，看到了，为我们开心，也在祝福我们，要不为什么我从怀孕开始，总是会梦到你们啊，那么真实地跟我说话，那么真实地握着我的手对着我笑，跟我聊天，告诉我你们现在很好！婆婆、爷爷，我都知道了，我很想念你们，以后想我们了，就继续到我的梦里来聊聊天吧。

幸福有传承

我怀孕后，原本在四川老家的爸爸妈妈也都来了上海，陪我度过孕期。有次检查回来，我问妈妈，她怀我的时候去做 B 超是什么感觉。妈妈的回答让我特别惊讶，她说她从来没有做过 B 超。

跟当时的大多数人一样，妈妈只是知道自己怀孕了，平时该上班上班，该买菜做饭还是买菜做饭，不像现在的准妈妈要定期做孕检。她们那一代人怀孕从来没有这么多的检查，也没有这么多的设备可以提前看到宝宝，可以提前听到宝宝心跳，可以随时看到宝宝成长得是不是很健康，更没有那么多的营养品、补品什么的，其实

现在的孕妇比我们妈妈那一代享福多了。

我妈说她怀孕后习惯步行上班，一开始都是从城内走，后来肚子越来越大，她觉得不好意思，就每天在我爸的陪伴下一起慢慢从城外转一大圈走到单位。

以前很少跟爸妈聊这些，借着怀孕的机会，我们既能聚在一起又能聊到一起，这让我有了很大的触动。从十五岁离开家出门闯荡，到后来我们家最苦最拼的那十年，哪怕现在已经熬了过去，我也是常年在外，只会偶尔回去陪伴他们，因此对他们总觉得特别亏欠。还好爸爸妈妈有爱好，以前在我们老家就是文艺骨干，现在退休了，爸爸成立了一个"表哥民间艺术团"，带着一大帮退休的阿姨叔叔在家乡到处演出，参加老年舞蹈比赛、小品比赛，经常拿到第一名，每次拿奖爸妈都会发现场照片和我一起分享。他们还会去给敬老院和留守儿童们演出，下乡给乡亲们演出，可受欢迎啦。我觉得老年人这样很好，大家在一起热热闹闹的，不仅能做一些有意义的事，还能锻炼身体。我也很支持他们，经常赞助他们艺术团的演出服、演出道具什么的，爸爸妈妈可开心啦。当然，

因为他们每天很忙，我也很忙，所以我们也很少在一起长时间生活。我觉得宝宝的到来，就像是一个特别的机会，让我们一家人有更多时间整整齐齐地聚在一起。

我妈还教给我一个不让别人注意到自己怀孕的好办法，每次出门的时候，她让我多拿一件大一点的外套搭在手上，刚好挡到腹部，一般人可能以为是太热了脱掉外套。我试了一下真的很有用啊，我用这个办法确实逃过了好多人的眼睛。想想很奇妙，当年妈妈逛街用这个好办法遮肚子，现在女儿长大了怀孕了去逛街，妈妈又教女儿用这个好办法遮肚子，所以我每次用这样的方式逛街，都觉得自己很像当年的妈妈，每次我逛街脸上都带着笑，挺起胸、挺起肚子，好自豪的感觉。

生活就像一盒巧克力

虽然能跟宝宝们约会，我特别开心，但做 B 超只是产检的其中一个环节，孕妇比较重要的两次产检还是挺让人提心吊胆的。一次是小检，主要是看宝宝的脖子、后脊椎；一次是大检，主要检查宝宝的五官、心脏、大脑等。

我们去小检的那次，医生跟我说，宝宝的姿势是背对着我的，位置不对，需要等宝宝翻个身才能完成检查，他让我等一会儿。我问他要等多久，他说这个因人而异，有人等一个小时，有人可能要等整个下午，而且我这肚子里有两个，一个翻了，另一个不一定也翻了，要两个宝宝一起翻不知道要等多久，只有看运气啦。

哎呀，我一听有点着急，因为一会儿杰哥还要赶飞机去工作，万一等很久会误机啊，如果不等到检查结果，杰哥也不能安心地去赶飞机啊。问题是这时间真的谁也说不准需要等多久，万一真的得等整个下午怎么办呢？

这个时候，下个孕妇进来检查了，我站起来，走到房间旁边的一个窗户边，没有人，我来回走了几步，然后跟肚子里的宝宝说："宝宝，妈妈现在要做检查了，爸爸等我们检查结束还要赶飞机去工作，两个乖乖，给个面子翻个身嘛。"我原地跳了几步藏族舞，又喝了两口水，跟医生说我想试试，医生惊讶地说这么快，接着给我检查。奇迹发生了，医生看到两个宝宝翻身了。真的翻身了！！！是的，两个一起！！！我也不敢相信，一下子眼泪都出来了！医生特别吃惊，问我刚才干吗了，我说我就跳了几步藏族舞。医生一下子乐了，说："娜娜，你真逗。"后来我想，宝宝们一定是听到了我的话，心疼妈妈辛苦地等着产检，也想让爸爸安心工作，或者是宝宝们特别喜欢被妈妈带着跳藏族舞，喜欢"娜舞时刻"，哈哈。除此之外，我也不知道怎么解释这么神奇的巧合了。哎呀，那天真的好惊喜，你们真是爸爸妈妈的天使宝贝、神奇宝宝、暖心宝宝啊。

　　记得每次检查的时候，医院产检的床都很硬，躺在上面硌得我腰有点疼，很难受，但看到宝宝们这么健康，我又特别开心，特别感恩。

　　其实，每次去医院检查前，我都紧张得睡不好，既担心又害怕，不知道最近宝宝的情况好不好。万一要是不够好怎么办？只要想到这些，晚上就会难受得辗转反侧，根本合不上眼。

　　第二天，到了检查室，医生认真工作，我则盯着屏幕看。作为一个没有专业医学知识的普通人，我怎么可能看得懂呢？于是我就换了个方式，开始盯着医生的脸，仔细观察他的每一个表情。

如果医生脸上的表情是温和的、欣慰的，我就放心一些。如果他的表情突然严肃了，我的心就猛地紧一下，好像接下来医生要说什么重要的话了。不过我的产检医生特别好，总是不断地鼓励我说，宝宝很可爱啊，鼻子、嘴巴什么的像我和杰哥。这些简简单单的话，却给了我很大的心理安慰。

可能会有人说，娜娜，这么胆小谨慎可一点都不像你啊。其实我也觉得这不像自己，但那就是我啊。我的害怕是真实的，也是可知的，它们一部分来自第一次做妈妈，很多事情对我来说都是未知的，我会有一种天然的担忧；另一部分是我害怕自己的身体状态不够好。

有段时间，我经常到妈妈网上看其他妈妈的分享，大概了解一下什么时间该做什么事。

很多孕妈做了羊水穿刺，通过检测羊水来全面了解宝宝的健康和发育情况。所以我去医院检查的时候，就问医生："什么时候给我做羊水穿刺啊？"

但医生觉得我一切指标都不错，不建议做。可是我特别担心，反复地问他："很多 30 岁以上的单胎妈妈都会做，别说我这样的双胞胎妈妈了，做了是不是更保险一些？"

他还是有信心地说："听我的，不用。"

也许每一个妇产科医生都有类似经历，他们面对的是一个又一个新手妈妈，没有经验，也没有妇产科知识，但凡有点风吹草动就吓得心慌意乱，一心慌就想找专业的人咨询。可以说，我的主治医生就是我的"救命稻草"。

宝宝啊宝宝，你们肯定不知道，妈妈经历了一个怎样惊喜又惊吓的孕检期。但一想到能如期见到你们，我的心情就又平复下来。

宝贝们，你们就像是生活赠予我的礼物，我正品尝着第一次做妈妈的这份甘苦。

小鱼儿，游啊游

杰哥把胎心仪直接连到音响设备上，这样我们每次听宝宝的心跳都特别清晰，咚，咚，咚。对我们来说，那就是世界上最动听的声音。

拍摄孕照的小开心

终于到了去摄影棚拍孕照的日子了。我们把拍孕照的时间定在七个月左右，是因为双胞胎的三个月就像单胎的五个月，双胞胎的七个月就像单胎十个月啦，如果等到快生的时候去拍孕照就怕身体太肿，也怕行动不方便啦。

怀孕七个月左右的时候，正是我整晚睡不好觉的时候，那时候每隔几天我就会问一次医生，可不可以给我点安眠药或者麻药让我可以好好睡一觉，当然每次都会被拒绝。我们选择这时候去拍孕照，也是为了给自己加油，挺过这段难熬的时间。

那会儿我可以睡着的地方很奇特，是停车场。比如，杰哥白天怕我闷，就会开车带我出去转一转。每次出去转一圈回来，车一进地下车库，我就睡着了，还睡得很沉。每次醒来，我都看到杰哥在旁边驾驶座上默默地用耳机听着歌等我，见我醒来，会轻轻地问我："睡得好吗？"我说："特别好，车库怎么这么神奇啊？！"然后我们一起回家。大概每次会熟睡半个小时到四十分钟吧，对于那段时间的我来说，真是太宝贵了。

插播完神奇的车库，说回我们拍孕照啦。因为第二天要到摄影棚化妆拍孕照，本来就睡不好的我，这天晚上直接就失眠了。我发觉我怀孕后不接工作是最正确的选择，不然稍微有点事我就会紧张和激动。

第二天早上，我们吃了早餐，就一起坐车去了摄影棚。我们坐在化妆桌前开始化妆，怀孕期间我从来不化妆，所以拍照的时候，那些平常得不能再平常的化妆步骤对我来说都是好有趣的事，打粉底，画睫毛，涂口红。可能素颜太久了，稍微化化妆就觉得好不一样。我一看镜子里的我，哇，好好看啊，于是就一直照镜子。杰哥在旁边做造型，放着好听的音乐，他喜欢到哪里都带着音乐，让整个场子都变得很有气氛。接着我去选了衣服，裙子是提前量好腰围，哦不，哪里有腰啊，哈哈，应该是提前量好腹围定做的，有一套白色的露出肚肚的裙子、一件穿起来像美人鱼的裙子、一件衬衫、一件白裙子和一件黑纱裙，都好适合我。我换上衣服，说实在的，还有点不好意思，因为除了家人和医生，没有人看过我的大肚肚。拍的时候摄影棚里只有几个人，我也放得开一些，而且听着杰哥播放的音乐，也很有感觉。

我边拍边跟杰哥说："哇，这是我们一家四口第一次正式合照呢，宝宝们在肚子里如果感觉得到，一定觉得很有趣吧。"我们很自然地变换着拍照的姿势，我还把我做的小熊也带着一起去合影啦。拍完我和杰哥的双人照，又开始拍我的单人照。奇怪，拍照换好几套衣服，我一点都不觉得累，就是很兴奋、好享受，感觉很快几套衣服就拍完啦。在回家的路上，我还兴奋得一直说："哎呀，上一周还掰着指头数还有一周我们就可以一起合拍孕照啦，没想到那么快就拍完啦，有种意犹未尽的感觉。"

杰哥就在旁边听着我叽叽喳喳，每次我可以一个人说很久，他都乐呵儿地认真听着。我想爱情就是，有一个人觉得你的废话都很有趣吧，哈哈。后来我们看到孕照的时候好开心，不停地看不停地看，我们的合照好有爱，而我自己的大肚照也好美，看着看着我就惊叹地说："我的肚子也太大了吧，幸好是七个月的时候拍的，要是再过两三个月，不敢想象有多大啦。"

跳跳、俏俏，这些珍贵的照片妈妈都给你们好好收藏着，等你们出生以后，看看妈妈怀着你们的时候有多美，嘻嘻。

世界上最动听的声音

医生建议我几周后再去检查，虽然心里不情愿，但我还是答应了。不过医生很体谅我想知道宝宝动态的心情，于是建议我买一个胎心仪，可以用它听宝宝的心跳。

我一听来了精神，赶紧买了一个。胎心仪的使用方法也很简单，先在肚子上擦一些做 B 超时涂的润滑剂，然后打开仪器，把听筒放在肚子上，戴上耳机找宝宝的位置。感觉像是在医院做孕检的简化版，还挺有趣的。

不过，我这个人呢，有点笨手笨脚，总是没办法一次性找到宝宝的位置。有时候找来找去听不到心跳，我就担忧得要命，抓着旁边的杰哥喊："杰哥，杰哥，我怎么听不到心跳啊？"

人越着急的时候，越容易乱，这样我就更找不准位置了。

这时，稳重耐心的杰哥就会宛如踏着五彩祥云的英雄般出现，他找得很快，三两下就能找到宝宝们的心跳。我都有点吃醋，怎么杰哥一放上去就可以找到呢，偏偏我不行，同时我也在心里告诉自己，下次得耐心一点，不要总左滑一下，右滑一下，得讲究章法。

不过，我还是要承认杰哥的聪明，他想了一个特别好的办法，解决了我们不能同时听宝宝心跳的难题。

胎心仪配的是耳机，我们每次听心跳时要么各自听，要么一人戴一只耳机（声效会减半），好像总无法跟对方同时分享那种激动的心情。有一次，杰哥把胎心仪直接连到音响设备上，这样我们每次听宝宝的心跳都特别清晰了，咚，咚，咚。对我们来说，那就是世界上最动听的声音。

不能通过做 B 超看到宝宝们的日子，我没事就拿着胎心仪听宝宝们的心跳。但如果杰哥有事出门没在旁边，我一个人就不太敢用。因为如果没找准位置，就听不到心跳声，然后我就会特别焦虑，特别着急。杰哥在旁边的话，我胆子也会大一些，更踏实，知道哪怕自己找不准位置，他也一定可以帮我找到。

那段时间，胎心仪如同我的法宝，没有什么比它更让我安心。

但很快，我又有了新的困扰，因为我不止一次发现，一个宝宝的心跳快，另一个宝宝的心跳慢。怎么会这样？是不是其中一个宝宝不够健康啊？

我赶紧去问医生这是什么情况，他解释，宝宝在运动、蹬腿、转身、玩脐带的时候，心跳就会快。如果宝宝在安静地睡觉、休息，心跳自然就平缓，就跟我们成年人一样。他让我放宽心，不要因此影响自己的心情。

但哪个新手妈妈能一直气定神闲地等着宝宝出生呢？我们都是在惊吓中找到某种平衡，不断说服自己，不能太紧张，更不能因此影响宝宝的成长。

而且，我发现肚子里除了宝宝的心跳声，还会有其他声音，比如，哗啦哗啦的水声或者咕噜咕噜的叫声。以前只知道人肚子饿了会咕咕叫，原来宝宝们在肚子里的时候更热闹。这也是我因为做妈妈而获得的新知识哦。

"事故"不断的我

我经常上网看妈妈们的分享，每次看到别人写"我感觉到宝宝开始动了"这样的话，真的又羡慕又着急，总忍不住问杰哥："咱们的宝宝怎么还没动呢？"

估计宝宝们的性格更像杰哥，不急不躁，等时间到了，再轻轻动一下，而我这个急性子妈妈也只能耐心候着。

宝宝第一次动，是我送杰哥去虹桥机场的路上。他要去别的城市工作，而我好久没出门了，于是约了朱桢的老婆洪燕去逛街，打算送完杰哥后去商场跟她见面。

车平稳地行驶在路上，我突然感觉到肚子里像小鱼儿游过一样，左边的宝宝轻轻动了一下。我赶紧抓起杰哥的手，放在刚才胎动的地方。

杰哥不明所以，问我："啥呀？"

我说："刚才宝宝动了，就像小鱼儿游啊游，游了一下，又停了。"

杰哥听得一头雾水，因为他隔着我的肚皮很难感受到那种轻微的胎动，但他还是特别开心，觉得宝宝们终于开始"活泼好动"了。

把杰哥送到机场，我就去找洪燕逛街去了。她知道我怀孕了，陪我逛街时特别小心，两个人一小步一小步地走，感觉很好笑。我们逛了一个多小时，有点累了，打算找个地方吃饭。我们在商场楼下等司机过来，旁边有个露天咖啡馆，摆了几把椅子，我找了一把坐下休息。

不知道是因为终于感受到宝宝们的胎动心情放松了，还是真的走累了，我居然坐在椅子上睡着了，旁边是喧闹的街道，还夹杂着小孩子的吵闹声。好在，我戴着帽子和口罩。

但跟我一起的洪燕惊呆了，她完全不知道该怎么办。让我继续睡吧，又担心别人认出来；把我喊醒吧，又考虑到我肯定是累坏了才会睡着。

她等了一会儿，看我还是没醒。就给朱桢打了个电话把他叫来了，于是俩人一块儿坐在旁边陪着我。真的很暖心。等我睡醒，一睁眼，发现天都黑了。

朱桢人特别好，我跟他特别熟，他见我醒了，打趣说："娜娜，你终于醒了，这么吵的地方，你竟然能睡这么久，太厉害了！我没见过哪个女明星能像你一样！"

我哈哈大笑，也觉得不可思议。

准备去逛街

我依稀记得，我睡着的时候做了一个梦，梦见我在街上睡着了，迷迷糊糊地发现对面有个记者在偷拍，我想站起来跟他说别拍了。但我太困了，实在站不起来，就继续躺着睡觉。而那个记者还在旁边一直拍一直拍。

后来我想，可能是自己潜意识里还保留着一丝警惕性，但架不住自己太困，最后还是呼呼大睡了。

但这绝对不是我让朱桢夫妇印象最深刻的一件事，因为接下来，我又挑战了"躺在餐厅座位上等餐"这种奇葩事件。

那时候我肚子已经很大，不能久坐，坐久了腰痛。但包间的座位很矮，是那种盘腿而坐的日式设计，于是我想了个办法，平躺着，需要吃东西的时候就坐起来吃一会儿，吃累了再躺下休息。

我想，怀孕之后，我可真是在不断地突破自我啊，先是在人来人往的地方睡觉，接着又在餐厅里躺吃。虽说都情有可原，但想起来还是让人忍俊不禁。幸好我的朋友们都比较体贴，不曾取笑这样"事故"不断的我。

一个像夏天，一个像冬天

距离第一次胎动两三天后，我又一次感觉到了肚子里面有小鱼儿游啊游。

左边。这次也是左边的宝宝在动。那右边的宝宝为什么不游呢？是不是在睡觉？

我想，既然左边的宝宝爱蹬腿，就叫蹬蹬（后来改名为俏俏）吧，右边的宝宝可以叫逗逗（后来改名为跳跳），希望这个宝宝也可以多多动起来，逗一逗妈妈。

我等了几天后，发现逗逗还是没什么动静，于是又急急忙忙给主治医生打了电话。他劝我别急，说有的宝宝在靠近肚皮的位置，轻轻一动就能感觉到，但如果宝宝的位置不靠近肚皮，就算动了可能也感觉不到。听医生解释完，我悬着的一颗心才终于放下来。

在只能感觉到蹬蹬胎动的日子里，我都是依靠胎心仪听逗逗的心跳，确定逗逗是否健康、平安。

又过了一段时间，有一天我在午睡，突然感觉右边的肚子也出现了"小鱼游动"。我特别高兴，赶紧坐起来等宝宝继续游。可等了一会儿，没什么动静。

我找出独门法宝胎心仪，专门对着右边，听逗逗的心跳。一边听一边说："逗逗，刚刚妈妈感受到你动了一下，像小鱼儿一样游来游去，你要多动起来啊。不要总在里面思考，也要行动，有行动妈妈才能跟你交流。"就这样，逗逗好像听到了我的声音，又像刚才那样游了几下。

自从有了胎动，我便不像之前那样依赖胎心仪了，更专注于身体传来的感受。

后来，胎动更频繁，我能明显地区分出，宝宝们是在一起动，还是一个在动一个在睡。

怀孕这件事真的太奇妙了。我就像闯入仙境的爱丽丝，在体验着另一个全新、未知的世界。

一个独一无二的故事

胎动的那段时间，我睡眠很浅，有一天晚上感觉到肚子里有个小拳头在捶我的肚皮，没过一会儿，又有一只小脚丫在蹬我的肚皮。我把手轻轻地放在肚子上，那种一凹一凸的感觉特别明显。坦白说，我有点吓到——肚子里居然有活的生命在动。

那是有生以来，我最不知道如何形容的体验，只能一次又一次地感叹，女性真是太伟大了，也太神秘了。

我何其有幸，成为两个小生命的妈妈。

有时，宝宝们在腹中活动，我会想，如果宝宝们此刻在眼前该有多好啊。我可以看到宝宝们，陪着宝宝们。每次宝宝们动得越起劲，我就越期待能尽快跟宝宝们见面。

有一天晚上，杰哥已经睡着了，我感觉到胎动后一把抓过他的手，放在肚子上，跟他说："哇，宝宝在练无影脚。"杰哥还迷迷糊糊地回答我："嗯，是的。"但等到第二天，我问他这件事，他居然不记得了。估计他当时半梦半醒，把它当成梦里的事了，而且那会儿的胎动也只有我自己才能感觉到。

最有意思的是，有几次宝宝在肚子里动得特别厉害，我想让杰哥也感受一下，但只要他在，宝宝就不动了；只要他去做别的事，没一会儿，宝宝又开始用小拳头捶我的肚皮。这样反复了好几次，我就想，嘿！宝宝们学会玩躲猫猫了呢！

因为我怀的是双胞胎，哪怕有了胎动，我也没办法像单胎妈妈那样记录宝宝每天活动的次数和时间，找到宝宝的活动规律。通常医生都会有类似要求，但双胞胎妈妈们省了这个环节。因为不知道是哪个宝宝在动，就没有办法准确记录宝宝们的活动次数。

我偷偷地想，这也算宝宝们帮我"完美解决"的一个孕期事项了，像我这样粗心的人，可能会时不时忘记记录，一旦想起来又会自责，总觉得这是一件表面看起来不那么容易完成的事。

我想每个妈妈都会记得第一次胎动的情景，那是一种无法言喻的欣喜。

我很期待有一天，当宝宝们无意中问起来："妈妈，妈妈，你还记得我第一次在你肚子里动是什么时候吗？"我可以准确无误地告诉她们："宝贝，我记得，就是……"

这将是一个很好的故事，独一无二的故事。

我变成了世界上最胆小的人

没怀孕前，我设想过自己怀孕的样子，可以像那些酷妈妈一样，做瑜伽、跑步，也敢穿露肚脐的性感衣服。但事实却大不相同。

从"头"开始的小心

活到36岁，我遇到过许许多多的事情，经历过大大小小的风浪，每一次都用天不怕地不怕的劲头顶过去，根本没想过后退或逃避，更不会想着小心翼翼。

但有了宝宝以后，我好像一下子变成了世界上最胆小的人。做每件事之前，都会认认真真地考虑，这么做会不会对宝宝们不好。哪怕有一丁点不好的可能性，我都会坚决地放弃，再也不是那个万事"死磕"到底的川妹子了。

慢慢地，我开始发现，人的担心好像是无止境的，只要你心里种下了那颗奇妙的种子，你就会无时无刻不担心着它的一切。而宝宝们的出现，就是种子生根的瞬间。

总之，生活中突然多了许多禁忌。

比如，从"头"开始。我忘记从哪里听说的，孕妇尽量不要往上伸手，往上伸手的话，宝宝容易掉。所以，我减少了洗头的次数。有一次，好不容易洗了头，还忍不住拍了两张自拍照臭美一下。

差不多五个月的时候，我又听说，妈妈头发太长会影响宝宝吸收营养。我当时头发留了很长时间，虽然还不到长发及腰，但也过一半后背了。我本来就担心两个宝宝，这下更不放心了。当时几乎没怎么考虑，我就把长发剪短了。

整个孕期下来，我觉得穿背带裤是最舒服的，不勒肚子，行动也方便。我当时在网上淘了各种各样的背带裤，为了让孕期变得好玩一些，我也买了很多有意思的衣服，卡通的、可爱的，颜色丰富多彩，穿上后心情真的可以变好。

我想，既然穿不了性感的妈妈装，就试试所有能让自己开心的衣服吧。

除了各式各样的背带裤，我还买了很多件防辐射服。之前比较喜欢玩手机，经常刷朋友圈或拿着手机跟朋友聊天。怀孕后，怕手

剪了短发

机辐射，自然需要准备防辐射服。

不过，我多买几件的原因很实际，因为防辐射服要尽量少清洗，反复清洗的话，可能会破坏衣服的功效，就没有什么防辐射效果了。

后来，看着越来越少的防辐射服，我也有一种即将跟宝宝们见面的喜悦，等穿到最后一件的时候，忍不住感叹："啊，终于要胜利了！"

但有些书上说，哪怕穿着防辐射服，长时间玩手机还是对宝宝不好。我为了让自己不看手机，经常晚上七点以后，让杰哥把手机放在门口，强制性地戒掉对手机的依赖。

小心，小心，再小心

我不是设想过孕期做运动吗？现在回想起来，当时唯一保留的运动项目就是散步。

其实，我知道孕妇游泳挺舒服的，人在水里借助浮力，能减轻自身重量，可能比托着大肚子轻松，而且，孕妇适当运动对身体健康有好处。

但我太害怕上岸的时候摔跤了。没怀孕前，我有时从游泳池出来都差点摔跤，现在怀着宝宝，重心不稳，万一真的摔跤了怎么办？

我脑海中浮现出一个巨大的叉号，提醒自己：游泳很危险！

我不敢让自己面临一点点危险，在家穿的拖鞋都换成了防滑的那种。游泳的话，真的太冒险了！

　　散步是最安全的选择，但每次过马路，我还是很紧张。随着身体逐渐变重，我走得越来越慢。每次过斑马线，看到有车开过来，我都会忍不住喊："哎呀，慢点，慢点。"心里很怕对方开车不稳当，碰到自己。

　　孕期越往后，肚子越来越大，也越来越重，散步我都担心摔跤。后来我发现网上有那种托腹带，能兜住肚子下方，然后围在腰上，托住肚子，从而减轻腹部的负担。我赶紧买回来，每次出门散步都会戴着，这样走路时也会稍微稳一些。

　　散步时，我常常在小区楼下或公园里遇到可爱的小朋友，但我不会主动去抱别人的小孩，因为听说肚子里的宝宝都很小气，可能我抱其他小朋友，宝宝们会不乐意。所以，每次见到别的小孩，我总站在不远处说："哎呀，好可爱，你家宝宝怎么这么可爱。"我不好意思跟别人说明原因，就不停赞美对方的小孩。其实，很多人并不在意这些，但我呢，还是觉得想得周到一些总是好的。

漫长的睡前准备

　　为了保证作息时间规律，我每天睡觉的时间都特别固定，下午六点钟吃晚饭，吃完饭到楼下走一走，大概七点钟准备进浴室洗澡。

我下载的软件里有一个电台，每天打开后，电台里会一边放交响乐，一边告诉妈妈们，宝宝处于第几周的第几天，距离出生还有多久。也会提醒妈妈们一些注意事项，比如，当天要注意什么，这周要注意什么，就好像有个孕期专员在跟自己交流。

每次进浴室前，我都会打开它，听着里面的内容慢慢洗澡、洗脸、刷牙。我每一个动作都特别慢，就像《疯狂动物城》里的那个树懒先生，因为我特别害怕洗澡的时候滑倒，所以，每一个步骤都控制着速度。

洗完之后，还有一个巨大的工程等着我——涂身体乳和抹防妊娠纹的油。

我以前很少擦身体乳，因为每次洗完澡要擦全身，实在太麻烦了。但怀孕后，我开始非常非常注意。我特别怕自己长妊娠纹，之前看一些妈妈分享孕照，很多双胞胎妈妈四五个月时就开始长妊娠纹，肚子上的纹路像西瓜的表面一样，我担心自己也会那样。

我买了很多朋友推荐的润肤霜和防妊娠纹的油，可能我肚子比较大，用起来很费。每次这个涂抹工作都需要花费一个多小时。

首先是擦润肤霜，全身上下涂一遍。如果哪天没擦，我会很明显地感觉到皮肤干燥，晚上总想到处挠，尤其是肚子，特别痒，容易睡不好。

然后是擦预防妊娠纹的油，擦得非常细致，一点一点地涂抹、按摩。

我觉得做好预防非常重要，生完宝宝，我真的一点妊娠纹都没长。不过很多人说，这也跟遗传有关系。于是我专门问了我妈，她怀我的时候有没有长妊娠纹，她说她也没有。我想多多少少跟遗传有关吧，要不然我这么大的肚子，很容易被撑出妊娠纹的。

做完一整套漫长的睡前准备，等我躺到床上，已经是晚上八点多。我很希望自己有一个正常、健康的作息时间，这样宝宝们出生以后也能像我一样，作息规律健康。

酝酿睡意的过程，就是看书或看剧。我找了很多跟怀孕有关的书，有的是医生写的注意事项，有的是其他人怀孕的经验谈。我希望能从中找找相同的感受，缓解一部分初次怀孕的不安。

我也会学习书中的一些方法，比如，有一次在一本书上读到，孕妇尽量朝左边睡，大概原因是"怀孕后的子宫多向右侧旋转，子宫血管受牵拉而扭曲，而左侧卧位能在一定程度上纠正这种扭曲情况，改善子宫与胎盘的血液循环"，对宝宝比较好。我晚上也不会睡得很沉，尽量一直保证自己是朝左边睡，后来肚子大了，不太能翻身，也是固定朝着左边睡。

不过，看太多跟孕期相关的书也会有"副作用"，就是加重自己的担忧。忘记在哪里看到的，说孕妇不能平躺着睡，因为平躺着睡会压迫到宝宝,容易供血不足,呼吸不好,可能导致宝宝憋气缺氧。于是我再也不敢平躺着睡觉,有时候睡到半夜发现是平躺的,就赶紧朝左侧翻身,一边换姿势,一边跟宝宝说话:"对不起,对不起,是不是不舒服呀,妈妈马上换好了。"

后来,我也问了一些妈妈,她们说没有太大差别,不管是朝左边还是朝右边,只要自己舒服,怎么睡都可以。但有些事情,我只要发现对宝宝不好,即便只有1%的可能,也会立刻改掉。

我啊,变得胆小、谨慎,害怕所有可能发生的危险,只因为我是妈妈。

不要油不要辣，加两个鸡蛋谢谢

不管是充满煎熬又颇具挑战的忌口，还是逐渐变得温柔的气质，都是"妈妈"这个身份带给我的改变。

"我是两个小孩"

清代著名儿科医生陈复正写过一本书叫《幼幼集成》，里面提到了一些胎毒的内容："凡胎毒之发，如虫疥、流丹、湿疮、痈疖、结核、重舌木舌、鹅口口疮，与夫胎热、胎寒、胎搐、胎黄是也。"

我不懂这些，都是听医生说的。因为宝宝出生之后，没有什么胎毒，也没有起疹子，医生夸我忌口忌得好。因为胎毒都跟孕妇有关，要少吃辛辣的食物，也不能心情不好。

以前我最喜欢在外面吃饭，火锅、川菜、烤肉、寿司……对各种好吃的餐厅如数家珍，不能说是美食界的活地图，也算是正牌四川口味吃货。

但怀孕后，我反复地告诉自己："你现在就是两个小孩，小孩子吃什么，你就吃什么。"

于是我成功改掉了经常在外面吃饭的习惯，开始吃家里做的饭。

家里的食物能自己控制油盐，更健康安全。我在孕期时特别喜欢喝家里熬的牛尾汤，做法很简单，就是用牛尾加上胡萝卜、土豆炖五个小时，喝起来汤汁鲜美，滋味丰富。

但刚开始忌口的时候，真的非常煎熬。吃我妈煮的粥，我特别想配豆腐乳和榨菜。不过，孕妇不宜吃这两样东西，我就拼命忍住。有时候闻一闻味道望梅止渴，有时候奢侈点，拿筷子蘸一丁点，抿

一抿就觉得特别香。

其实，孕妇吃东西最重要的是营养均衡、清淡健康，少油少辣的同时，也不用刻意食补，吃多了鸡鱼肉蛋，对孕妇而言不一定是好事。

餐桌上的常胜将军

有段时间我在长沙，夏天很热，我、杰哥、表弟和助理四个人，晚上开车到距离广播电视中心不远的月湖坐船，那边有很多卖消夜的摊子。

天色暗下来，没什么人注意我们，我们几个坐到湖中心能吹到一点点风。空气里弥漫着口味虾、口味蟹、麻辣小龙虾的香气。我每次都想说，要不打包一点带回去吃，但想到宝宝就放弃了这个念头。

有一次乘凉回来，我们回酒店，杰哥他们点了很多麻辣小龙虾，我吃不了，就点了一个儿童套餐。

还有一次，朋友们到家里来看我，何老师、杨迪他们都在，到饭点的时候大家点了火锅、小龙虾。我坐在旁边跟他们一起，但我不吃，看着他们吃。那时候，我已经修炼到完全不想吃，也不会馋了。

忌口其实就是与人类最本能的口腹之欲短兵相接，所以我觉得忌口最重要的就是忍耐、坚持。

但是，人也是时输时赢，世界上好像没有常胜将军。

我有个朋友怀孕时，有天晚上突然想吃烧烤，必须吃的那种。她老公半夜起来把烧烤买回家，结果她吃完长痘，又很后悔。好像很多孕妇都有类似情况，突然很想吃什么，而且必须吃到。我在这一点上比较温和，好像没有突然想吃的食物，唯一想喝的就是椰子汁。

那时候每天都要喝两个新鲜椰子里面的汁儿，上午散步走到超市买一个边喝边走回家，下午再散步到超市，买一个边喝边走回家，无比满足。她们说孕妇想吃什么就是肚子里的宝宝想吃什么，我想那时我的宝宝们都想喝椰子汁吧。因为是两个宝贝，所以我每天喝两个椰子，不抢不抢一人一个。真的，等我生完宝宝，突然就不馋椰子汁了。嗯，还好，跳跳、俏俏在我肚子里的时候都喝到了。不过想想，两个宝贝在肚子里想吃的东西还是很简单又很健康的啊。

不过，生完宝宝，坐完月子后，缓了一段时间，我开始特别想吃火锅、小龙虾这些口味很辣的食物，有点报复性地吃了几顿，算是对一开始想吃而不能吃的补偿吧。

一股神秘的内在动力

对宝宝不好的食物，我会忌口；对宝宝好的食物，我会认认真

真吃下去。

忘记当时从哪里看到一种孕妇奶粉，很多人说喝了对宝宝好，但有人分享说自己不敢喝，因为孕妇奶粉虽然对宝宝好，但喝了自己长肉。

我没有看到有关孕妇奶粉在宝宝营养吸收方面的负面讨论，又问了其他朋友怀孕时有没有喝孕妇奶粉，得到的反馈都是喝这种孕妇奶粉对宝宝会比较好。

我就赶紧买了几桶，每天喝一杯。我知道自己可能会长胖，但只要能补充宝宝成长所需的营养，我就愿意坚持喝。但这是很个人的选择，不管愿不愿意都没有错。

对于那些有争议的信息，我会跟专业的医生确认，询问对方的建议，确定是不是能做，绝不会盲目尝试。

其实，孕妇在饮食上所需要忍耐的时间是有限的，满打满算，就那十个月。少吃辛辣，也会少一些燥火。等到孩子出生后就会知道，忌口对宝宝有好处。但忌口真的很辛苦，所以每个忌口比较成功的孕妇，都拥有强大的毅力，都值得称赞和鼓励。但是也有很多不怎么忌口的妈妈，宝宝也很好，这个也是因人而异的。反正啊，我是非常谨慎的，谨慎得很多朋友会说太夸张了。是的，我第一次怀孕，我觉得夸张点好，嘻嘻。

怀孕以后的改变，也许你自己没有太注意，但熟悉你的朋友们是可以感觉到的。我记得有次跟嘉玲姐（刘嘉玲）吃饭，她约了我、老奚和袁弘，我们在她订的餐厅见面。

我刚进门，她就看着我说："娜娜，你的感觉完全变了，讲话的声音都变了，眼神很温柔，像个妈妈了。"老奚、袁弘也连连点头表示赞同。我惊讶地说："是吗？我自己完全没有感觉啊。"同时心里也喜滋滋的。原来那个假小子也开始像个妈妈啦，这种感觉可真是从来不曾有的啊，特别是得到那么有女人味的嘉玲姐的夸奖，我要拿小本本先记下来。

不管是充满煎熬又颇具挑战的忌口，还是逐渐变得温柔的小感觉，都是"妈妈"这个身份带给我的改变。

我从来没有想过自己会有这些变化，我也从来没有想过怀宝宝后我的生活习惯会发生这样翻天覆地的改变。我曾担心自己能不能做好，其实现在想想完全不用担心做不好或做不到，妈妈自有一股内在的动力，这种动力会让我们变得越来越好。

人要知足常乐

熬过了那些辛苦，后来再得到一丝丝甘甜，我都能被滋养很久。

人嘛，要知足常乐。

没完没了地吐

在孕期，我一般晚上九点左右入睡，早上四五点钟就醒，醒了就觉得饿。每天早上杰哥会在四点左右准时起来，给我煮醪糟汤圆加蛋，我只能吃下一小碗。他也会陪着我吃一小碗。

那一碗小小的醪糟汤圆是我一天中唯一吃了不会吐的食物，所以每天睡觉前都盼着早上那一碗杰式汤圆。那一餐之后再入口的任何食物，我总会忍不住吐出来。那段时间尝试了各种形式的吐，最高境界是喷吐，有一次喝了一袋酸奶，喝完感觉不对劲儿，赶紧往洗手间跑，跑到洗手池边，直接喷到镜子上。有时候吐得胃里空了，还会干呕，整个人难受极了。每到这个时候，杰哥都会在我身后轻轻地抱着我，轻轻拍着我，他不知道该怎么办，一直说好想替我吐。

有一次，我吐得特别厉害，就打电话问一个生完孩子的朋友："不是说过了三个月就不吐了吗？我怎么第四个月了还在吐？"

她告诉我有的孕妇居然会一直吐到生宝宝，我听到这话，想象

杰哥煮汤圆的温暖背影

着自己还要吐五个月的情景，差点绝望了。

前几个月吃不下东西，我特别担心宝宝营养不够，每次吐完都想再努力吃几口，但只要吃下去就会吐出来。我问一个朋友这样要不要紧，她妈妈是护士，有这方面的知识。朋友说孕期前几个月，妈妈体内原本的营养就足够满足宝宝成长需要，就算经常孕吐也不用特别担心，最重要的是放松心态，别情绪压抑和紧张。所以，我在能吃下东西的时候就尽量吃一点，如果吃不下，也不强求自己必须吃。

但因为是两个宝宝，每天五点钟的那顿早餐，为了公平我都吃两个蛋，一人一个。虽然是心理安慰，但总觉得必须这样做。

差点吐在舞台上

孕吐期间还发生了一件让我印象特别深的事，我当时差点吐在舞台上。

自从知道自己怀孕，我就推掉了很多工作，但在此之前答应了《魅力中国城》的录制，因为我的家乡德阳要评选魅力城市，我要作为嘉宾去站台，推荐当地美食中江细挂面。

那是我从小吃到大的美食，小时候生病不舒服，我妈就会煮一碗洁白如雪、细如发丝的中江挂面，我吃完就会舒服很多。长大后在外打拼，每次回家，我妈也会给我煮一碗面，很朴素但很暖心。

再后来，我怀孕吐到吃不下东西，每次吃到有一点点酸、一点点辣的家乡面，我就不吐了。

我对这面很有感情。

那段时间孕吐反应正厉害，我也想过请假不去录制了。但那个节目对德阳人来说真的很重要。我们德阳市的市长也去了，想通过央视这个平台把我们美丽的家乡宣传出去，让更多人知道德阳、喜欢德阳。最后，我跟爸爸妈妈商量之后，还是决定帮家乡做点力所能及的事。

我们以为节目是在北京录，但没想到录影棚在河北。我怕自己会吐在台上，已经在家里拼命吐了几次，清空了胃里的东西。但在出发去河北的路上还是不舒服，中途停了好几次车。爸爸妈妈陪着我，又心疼又没办法，等到了录影棚，就差不多该我上场了。

导演知道我左脚韧带拉伤的事，很体谅地没要求我参加彩排。节目录到"家乡的美食"这个环节的时候，我才按照流程上台。

大概是刚坐完长途车的原因，我身体很不舒服，根本闻不了任何食物的味道。平常闻到中江挂面的香气，我能一口气吃下两碗，但那天，我和爸爸妈妈一起要在现场给评委们盛面，并放上调味料。我在来的路上就知道这对我来说是很严峻的考验，因为我真的不能闻一丁点食物的味道，特别是油味儿。当我和爸爸妈妈还有德阳市赵市长站上台，爸爸唱了一首中江挂面的歌，妈妈和我介绍了面之后，我只看到从侧台推出来一大锅煮好的鸡汤挂面。是的，为了更香，这次是请了最会做中江挂面的人来煮的。她熬了一大锅浓浓的鸡汤，熬好以后把面条放下去煮好，推上台。那家伙，整个央视摄影棚内飘满了鸡汤挂面的香味，可这味道对于孕吐厉害的我来说，可真是要了命。大锅缓缓推到我的面前，哇，浓浓的鸡汤挂面，以前我最爱吃的家乡美食，现在可要了我的命啦。不行，我必须忍着，用意念忍着。

　　我心里想着，如果我在现场吐了该怎么解释？总不能说怀孕了吧？如果不讲实情，大家会觉得怎么我家乡的美食一来我就吐了！是不好吃吗？哎呀，这不是帮了倒忙吗？我开始全身冒汗。

那简直是我这辈子面临的最大考验——绝对绝对不能吐在现场！

我默默地跟宝宝们说："乖，你们要稳住，你们要给妈妈加油啊，别让妈妈出洋相啊。"

录制期间最危险的一次是宁静在我旁边吃面，她觉得好吃，夹起面条展示给大家看。而且因为我们很熟，她还专门在我面前吃了一口，说好香。我拼命掐自己手上的穴位，利用强烈的痛感转移注意力。

还好，我只需要在舞台上待二十分钟。录制完，我赶紧跟导演们道谢、告别，和爸爸妈妈一起上车离开。一到家，我喝了口水，就开始吐。哇，好险啊！不过最开心的是，那天德阳市各个方面都赢得了大家喜爱，总算没有白白辜负这份忍耐和辛苦。晚上睡在床上，我一直谢谢肚子里的两个懂事的宝宝，帮妈妈稳住了场面，顺利完成了任务。

吐啊吐，熬啊熬，等熬过了第四个月，突然有一天我好像吃什么都不怎么吐了。有一种中大奖的兴奋感，我以为会像朋友吓我的那样吐到生呢。我宣布，在孕吐这一关，娜妈我胜利啦！接着我便开始查吃什么对宝宝好，补充一下营养，当然也开始了解需要注意少吃什么食物。

我妈说孕妇可以多吃鱼，我以前最爱吃水煮鱼，但现在不能吃辛辣食物，就改成了清蒸的吃法。对我这种土生土长的四川人而言，清蒸鱼吃起来真的无滋无味，不过我还是坚持吃。

虽然很多食物没什么滋味，但吃了不吐之后，我便觉得如获新生，感觉人生都美好了许多。

熬过了那些辛苦，后来再得到一丝丝甘甜，我都能被滋养很久。人嘛，要知足常乐，给你一点阳光就要使劲儿灿烂灿烂。

Kill Time 也是正经事

我们不要总活在对时间的急切感和恐惧中，害怕自己正在被时间紧追不舍，要适当学会休息，放松身心也是一个不错的选择。

乌龙事件

平时忙惯了工作，一停下来真的有点不适应。刚开始，我觉得特别闷，杰哥那段时间还在忙世界巡回演唱会的事，经常出国，没办法整天在家陪着我。于是我总打电话叫表弟、助理来家里玩。

最开始，我们玩一个叫桶叔叔的休闲游戏。每局开始前，我们会押上两百块钱，算个彩头。游戏很简单，需要先把桶叔叔按到塑料啤酒桶上，每个人逐一往啤酒桶的卡槽里插剑，谁插到桶叔叔弹出来算谁输。

就这么个小游戏,我们能玩一个下午。不过,白天我还能叫大家玩桶叔叔,而晚上睡不着时我就不方便打扰别人了。

后来,我下了打麻将的软件。虽然我是四川人,但不会打麻将,真是愧对"四川人"这三个字。

一开始白天我会拉着表弟、工作人员或比较闲的朋友一起打线上麻将,我虽然技术特别差,但手气特别好,怎么打怎么赢,搞得朋友们都很怕和我打麻将。他们说因为我是孕妇,有一手好运。

对啊,好运来,好运来,我可是双喜临门呢。

不过,总用手机软件打麻将也不好,我怕辐射。于是就买了一张麻将桌请朋友们到家里打真麻将。有一次,我请了《快乐大本营》的同事过来,加上助理,刚好能凑齐四个人。

我们打着打着,我突然有了孕吐反应,就立刻跑回卧室的卫生间去吐,吐完之后感觉有点头晕,就躺在床上迷迷糊糊地睡着了。

第二天,那个同事跟我发微信,说:"娜姐,你让我来陪你打麻将,打着打着你睡觉去了,你也太不靠谱了吧,哈哈。"

我当时还没有公布怀孕的事,就跟他打哈哈,说:"谁让你们都是'麻神'啊,压力大啊!"

他说:"娜姐肯定是怕输钱吧,哈哈。"我说:"是啊是啊,输了两把进去哭,哭着哭着就哭晕过去了。"后来他还经常拿这个事情笑我，逢人就说我打不赢麻将就躲到屋里哭，我也顺着一起乐呵呵地附和。因为那会儿还在保密阶段，我没法解释，就承认自己输不起，这件事也成了我的一个有趣的乌龙事件。

有时候，家里太闷了，我们就乔装打扮出门溜达。有一次，我们到公园坐船玩，到了湖中心比较安静，我们就停在那里，几个人纷纷掏出手机打线上麻将，特别有画面感。

喊打喊杀

打了几天麻将后，我觉得没意思，当时正流行玩《狼人杀》，我又开始召集朋友们在线上玩这个。但玩了几次，发现很难召齐人，每次至少需要八个人，但不是所有人都能在相同的时段有空，我又不敢随意在线上组队跟高手玩，容易挨骂，哈哈，于是只好转而想其他办法。

放弃了《狼人杀》，我又想起了对战游戏，这个比较容易找到人。但有个问题，就是玩嗨了大家情绪比较激动，经常忍不住喊"冲啊，杀啊，哎呀，我被追杀了，快来救我……"

每当这样的时候，我都能明显感觉到宝宝在肚子里动。我只好一边玩一边跟宝宝们解释："没事啊宝宝，妈妈在玩游戏，不是真的被人追杀。放心啊，妈妈很安全哈。"

后来，我就不解释了，只要玩游戏，我就唱歌，轻松的歌，比如《哆啦A梦》的歌："如果我有仙女棒，变大变小变漂亮。还要变个都是漫画、巧克力和玩具的家。"

其他队友听到了，还会问："娜娜，你干吗呢？"我就跟他们解释说自己正给宝宝唱歌，要不宝宝以为妈妈被追杀，激动得要来救妈妈呢。队友们一听，都乐呵起来，说这种事情大概只有娜姐能干出来吧。所以，只要哪个战队有我在，原本激烈紧张的攻城战局，大家却顶着各种英雄角色，伴随着儿歌战斗。也神了，每次战斗一激烈，肚子里的跳跳、俏俏就激动得蹬腿，而一唱儿歌，她们真的就安静了，真是神奇的宝贝啊。

就这样，当时虽然不能随心所欲地出去玩，但也发掘了很多好玩的事情。自己不停地找乐子，也能分散注意力，不让自己每时每刻一直紧张地关注肚子里的一举一动，反而能带着宝宝们跟外面的世界玩耍玩耍。

突然喜欢看美剧

除了玩游戏，我也找到了其他消遣，比如，看美剧。

我以前很少看美剧，属于不怎么喜欢看美剧的那一类。因为我英文水平一般，看剧时没办法不看字幕，可是一直盯着屏幕看，我会觉得累。

特别奇怪的是，怀孕时我心血来潮把以前知道的所有知名美剧都看了一遍，特别是《老友记》，也重温了一遍。那是我之前唯一一部连续十季都看过的美剧。

看完《老友记》，我又把《欲望都市》《绯闻女孩》《国土安全》《绝望主妇》等都翻出来，从头到尾看了一遍，有时候听着听着英文就睡着了，也算是我失眠那段时间的意外收获吧。

现在生完宝宝，我又不看美剧了。

我猜测，当时可能是肚子里的宝宝想看，所以我才想看。不是有种说法，怀孕时突然想吃的东西是因为宝宝想吃，突然想做的事是因为宝宝想做吗？

有时候我想，怀孕就是给自己一段时间停下来休息吧，我们不要总活在对时间的急切感和恐惧中，害怕自己正在被时间紧追不舍，要学会适当休息，放松身心也是一个不错的选择。

快乐是一种特别的能力

怎么说呢，快乐是一种特别的能力，也许不能开天辟地，但能让人永远保持活力和积极。

咚、咚、咚

我平时会听胎教课程，每天早上醒来、晚上睡前都会准时打开胎教课程。那是一个胎教仪器，我每天按时绑在肚子上，但听着听着，我发现那个胎教课程有点奇怪，基本上就是咚、咚、咚的声音。我看介绍上说那是模仿妈妈心跳的声音。刚开始我还能坚持，安慰自己这样对宝宝比较好，但越到后面，咚、咚、咚的声音越快，听久了会心慌，索性放弃了。

后来，我专门下载了一些钢琴曲，也会放一些杰哥节奏比较慢的抒情歌，让宝宝们听听爸爸的声音。

有段时间，我和杰哥一起练起了毛笔字，准备好纸墨笔砚的过程有点久，但整套做下来，好像能拂去心里的那股浮躁。我们为了提高彼此的积极性，还会进行友谊赛，第一比快，第二比好。

每次写完都会请家里的阿姨当裁判，我们每次随机指定一篇文字，写完了让她单凭直觉评价。有一次她说我写得更好看，我开心得差点跳起来，杰哥很不服气的样子，说下次一定赢过我。反正那段时间，我们变得特别爱写毛笔字，也喜欢抄写古诗词。这个过程让我静心，有比赛又让我觉得很有趣，而且这应该算是一种潜移默

化的胎教吧。

用阅读消化不安

说到潜移默化的影响，读书也是个不错的选择。而且，孕妇要想保持好心情，我的建议也是多看书。因为大多数孕妇的焦虑感，来自对所处状态的迷茫。多看点相关书籍，多了解专业知识，能很有效地缓解这种不知所措的感觉。

不过相比看书，我更喜欢听书。怀孕前，我一看书就头晕，想睡觉，以至于怀疑自己有阅读障碍。朋友送的书，我都是简单看一看，也没有特别深的感受，但怀孕后，我反而看了很多书。何老师送了我一个电子阅读器，上面有很多书。我看得很杂，一开始读各种孕产书，有专家写的，有别人写的怀孕经历。最后，看得我都快成"专家"了，知道了很多相关知识。

但有个小小的"副作用"，此前也说过，就是知道的越多，担心的越多。

像我爸妈那代人，不太了解这方面的知识，平时也忙着工作，反而担心的事情很少。但到了我们这一代，有各种各样的途径获得资讯，我们可以读书，可以上网搜索，也可以询问专家，能获取海量的信息。但越是这样，越需要做好筛选和判断，不能不经思考全盘接受。

　　我偶尔会在网上看到什么"看电影宝宝耳朵会聋"之类的内容，恰巧我又刚刚看完电影，觉得好吓人，仔细再去查又说没事，还有各种千奇百怪的吓唬孕妇的说法。所以啊，我建议每个人根据自己的情况，找几本专业人士写的书看，多问问自己的医生，不要轻信网上说的啊。

　　我感觉那段时间我把市面上跟怀孕和生产相关的专业书几乎读了个遍。除了这类专业书，我还会看做菜的书，做面包的书，童话书，侦探小说，有段时间还把东野圭吾的侦探小说系列读完了。这种侦探小说我以前可是从来不看的，觉得有点害怕。不知道为啥，怀孕以后啥也不怕了，半夜醒来都敢看。反正好多以前我不怎么看的书，都会拿出来看，可能因为确实闲，以前一看书就睡觉，那会儿越看越清醒，越看越津津有味。

保持好心情

　　看书更多的是帮助我放松心情，但听别人说，怀孕期间最好能经常跟宝宝们说话，这样宝宝能熟悉妈妈的声音，容易产生情感交流。所以，不管是去江边散步还是在做别的事情，我都会跟宝宝们说，妈妈现在到哪里啦，在做什么，看到了什么风景。

但我很容易词穷，这个对我来说有点难，毕竟我和宝宝不是面对面地在交流，没有那么具体的对象感，最重要的是没有双方的交流，哪怕是一个表情，眨个眼睛，笑一个什么的，所以经常是说几句就不知道接着该说啥。

于是我想到一个适合自己的办法——跟别人聊天。跟朋友打电话，或是跟杰哥说话，这样既能不停地说话，又能放松心情。这样一来，聊天内容就很重要啦，必须是有趣的、健康的、开心的，这一点我可是控制得很严格的。

我在整个孕期心情都不错，哪怕遇到不开心的事，也能很快想到办法缓解。心里就是觉得我的情绪会直接影响到孩子的情绪，我心情好，宝宝们的心情才更好，这会儿隔着妈妈的肚子好奇地感受这个世界的一切，有美好的、快乐的感受很重要，这样才更想要来到这个世界。现在宝宝们一点一点长大了，她们都很爱笑，经常嘎嘎乐，这也是我最希望宝宝们拥有的。

我觉得这跟我当时怀孕的时候保持好心情多多少少有一点点关系吧，嘻嘻。

怎么说呢，快乐是一种特别的能力，也许不能开天辟地，但能让人永远保持活力和积极。

小小的阳台，大大的幸福

阳台给了我一种置身天地间的自由感，每次站在那里，总会有一种由内而外的
舒展。我好像重新学会了珍惜呼吸，珍惜活着的感觉，珍惜每一个被陪伴、被
呵护的片刻。

"小姐，你要干什么？"

我和阳台真的发生了特别多的故事，有一次我的朋友住在某家
酒店，我去找他们玩。那个酒店的房型很好，有大大的落地窗，采光、
视野都是一流。但是我在房间里坐了一会儿，觉得有点闷，问他们
哪里有阳台。

他们房间里并没有阳台，只有酒店楼上的行政层有个小小的阳

台。朋友打算陪着我过去，但我觉得不用，就自己戴着口罩坐电梯去了行政层。

进去之后，旁边有个工作人员。我请她把阳台打开，让我出去透透气。她没认出我是谁，第一反应是诧异和警惕，问我："小姐您好，这个阳台是不对外开放的，您到阳台上要去干什么？有、有什么想不开的事情吗？"

估计很少有人提这个要求，她看起来特别紧张。

我安抚她说没事，我只是胸闷想到阳台上呼吸一下新鲜空气。看她样子还是有点为难，我又实在感觉很闷，于是就请她搬来一把椅子，然后把通向阳台的门打开。我跟她说，我就坐在门口，不往外面走，待在她的视线范围里，她随时可以看到我。她总算同意了。

我趁她在旁边招呼其他客人的时候，摘下口罩，对着外面大口大口呼吸着新鲜空气，总算有种能再次自由呼吸的舒畅感。我还悄悄自拍了一下，记录下了这段小插曲。

你知道那时候阳台对我来说有多重要吗？有一次，一对夫妇请我们吃意大利菜，那个餐厅在一个高层上面，我们那个包间既没有阳台，也没有可以打开的窗户，我每吃半个小时就要走出包间，穿过大厅，坐电梯下楼，到街上走一圈再回来吃，这样才吃完一餐饭。所以，后来我几乎没有再去餐厅吃饭了，这样也不会麻烦别人。除了特别冷的时候，我每一顿饭几乎都是在自家阳台上吃的。

西湖边上，急中生智

在上海住了一段时间，杰哥怕我闷，就开车带我去杭州玩了一趟，顺便逛了逛西湖。

我们专门选了一家有阳台的酒店，方便我感觉憋闷的时候能开窗呼吸。我很喜欢坐在阳台上，让杰哥给我拍照。

去西湖那天，我约了一个在杭州的朋友。她和她老公都是我们在美国上学时认识的，在美国很照顾我们，我们经常去他们家吃中餐、烤肉等各种好吃的。这次我们在杭州又相聚了，再相聚我都怀孕啦。我不能走太久，容易累。我们商量着走累了就坐西湖边上的游览车回去，可一翻口袋，发现都没带现金，游览车不够"智能"，不能用手机支付。俩大活人站在路边哭笑不得。

我们只好忍着疲惫往前走，这时遇到一个卖扇子的商铺。我跟老板商量，能不能买一把扇子，用手机支付，但多付十块钱，然后，他再找给我十块钱现金。

老板人挺好，一听就答应了，就这样我们有了坐游览车的现金。你看，急中生智，我还有着一点点小智慧呀。

在回上海的路上，我有些晕车，杰哥很贴心地坐在旁边给我唱歌，全是慢慢的缓缓的歌，我边听边对肚子里的宝宝说："快听快听，胎教胎教。"我一路闭着眼睛听着听着就睡着了，睁开眼睛的时候

杰哥唱歌给我听

就已经到家啦。

还有一次，我们不凑巧住了一家没有阳台的酒店。凌晨四点多，我醒了，感觉有点呼吸不顺畅。我想着不要吵醒杰哥，自己下楼散散步，但他立马也醒了，看我要出去，二话没说，穿好衣服，陪我下楼散步。

那天下着毛毛细雨，空气特别特别好。酒店附近有个花园，路上只有我们两个人在走。临街的地方能看到一些行驶的车辆，四周都很安静，安静得能听到落雨的声音。我觉得特别奇妙，如果不是因为怀孕，我和杰哥不可能在这个时候，一起漫步在路边，一起看上海凌晨四点多的街景。对哦，不是我和杰哥，而是我和杰哥带着还在肚子里的跳跳、俏俏一起感受这难忘的上海街景。

温度感知已"失灵"

在上海长期住过的人，都知道上海的冬天挺冷的。刮风或下雨的日子，手和脚往往会冻得冰凉。但我怀着宝宝，浑身发热，体温比一般人高。

冬天最冷的时候，我也不需要开空调，整天开着家里的门窗透气。我还把阳台收拾得特别舒服，经常待在那里不进屋。

后来，朋友到家里来玩，我还特别奇怪，他们为什么在室内也不脱羽绒服和外套。有一天，我看陈学冬实在穿得太多了，就问："你是不是觉得冷？"

他惊讶地回答："娜姐，你不冷吗？你们家真的好冷，像冰窟窿一样啊。"他说这句话的时候，声音好像都在发抖。

我这才反应过来，可能在那个冬天来我家的朋友都被冻到了。又转念一想，问杰哥："你整天在家不冷吗？"

他憋着笑，停顿了一下回答我说："冷啊，但我能忍住。"

我真的一下子觉得又暖心又想笑又感动。想想怀孕的时候是有些辛苦，但杰哥为了我和孩子，从来没有讲过他自己的"不舒服"啊。

珍惜每一次呼吸

人活着能自由呼吸是多么自然的一件事情啊，但对我来说，却渐渐变成了需要注意的事。

慢慢地，阳台已经不能满足我对呼吸的渴求了。我们改成了坐车去江边透气。每次去心情都会特别好，清爽，有风，能大口大口地呼吸。我很想在江边搭个帐篷，长长久久地在那儿发呆。

我有时也会去家附近的江边走走，戴着一顶黑色的棒球帽，帽檐刚好能遮住一部分脸，再戴上大大的口罩，搭配最舒服的背带裤、纯棉上衣、平底运动鞋。很多人从我身旁走过，但都没留意我。

我像其他在江边散步的孕妇一样，已经跟她们融为一体，不会有人觉得我这样的打扮有什么奇怪，更不会有人拿着相机或手机咔嚓咔嚓地拍照。

去江边散步时，我养成了一个习惯。每次路过小区楼下的超市，都会买新鲜的椰子。杰哥陪着我的话，我们就一人拿一个，顺着小道走，慢慢散步，慢慢喝椰子汁。

等到怀孕中后期，我就没有办法去江边散步了。宝宝大到已经压迫到膀胱，我随时随地都想上厕所。有时刚走到楼下，我就会跟杰哥说"完了完了，我想上厕所"，赶紧回家上厕所。到楼下刚走了两步，我又要上厕所。根本没心思散步，只能不停找厕所。有一次在江边遇到一个蹲的洗手间，那家伙，蹲下去，起来用了好久好久，我一度想喊人了，最后仗着小时候上过武术苗苗班、曾经是学校 800 米长跑第一名、校排球队副队长的身体素质，一咬牙一使劲儿起来啦。此处应该有掌声，哈哈……

最恐怖的还不是找厕所，而是半夜突然坐起来，觉得自己呼吸困难，就像刚刚没有呼吸差点窒息一样。

为此，我买了一台家用吸氧机，每天早上醒来吸一会儿，晚上睡前吸一会儿。刚开始，一次吸十分钟，后来二十分钟，再后来半小时。每次吸完，不管身体还是精神都会好很多。我觉得那个吸氧机，救了自己半条命。

　　阳台给了我一种置身天地间的自由感，每次站在那里，总会有一种由内而外的舒展。我好像重新学会了珍惜呼吸，珍惜活着的感觉，珍惜每一个被陪伴、被呵护的片刻。

　　小小的阳台，大大的幸福。

杰哥，吃胖了

做妈妈会让女人改变很多，但是一个爱女人的男人，也会让女人改变很多。

他是我的御用摄影师

整个孕期，特别是坐月子期间，杰哥基本都陪着我，我们一起吃饭、一起练字、一起出门散心，等我生完孩子，坐完月子，他去《创造营》做导师，我发现他在镜头前胖了很多。我跟杰哥说："完了，我坐月子，你长胖啦，镜头上你的脖子和下巴都连起来了哇，咋整？"

其实，杰哥是个很自律的人，有锻炼身体的习惯。他经常到健身房跑步，比我勤奋多了。只不过那段时间，他担心我一个人在家无聊，希望能多陪陪我。记得杰哥说过的特别暖心的话，时间很重要，但他习惯了和我一起分享时间。特别是我坐月子的时候，他每时每刻陪着我，我吃他也吃，我喝汤他也喝，我吃不完的他都吃掉，所以一下子催肥十几斤吧。但是我俩在家里相互根本看不出，一上镜才知道，哎呀妈呀，真是吃多啦，变成一个胖杰哥啦。不过后来复工之后，他又通过健身锻炼瘦回来啦。

杰哥自从升级当了爸爸，就多了一个"孕照摄影师"的职务。

后来我们搬到上海，当时我们住的房子里面有楼梯，我那时候感觉肚子已经很大了，下楼梯的时候就特别谨慎。每次我下楼时，都一摇一摆夸张地说："大家小心，我要下楼梯啦。"这时杰哥就会乐呵呵地来扶我。就在我们搬到上海不久，有一天，我对杰哥说："你给我拍张大肚子的照片吧。"然后，我靠着楼梯一只手撩起衣服，另一只手指着肚子，显得肚子很大的样子，让杰哥拍照。那是摄影师杰哥给我拍的第一张孕照，我还做作地换拍照姿势，换的都是指着肚子很骄傲的姿势。后来杰哥跟我说那会儿拍第一张照片的时候，他真的一点也看不出来。我问他："那你那么认真在拍什么啊？"他说："拍你啊，你那么好看啊。"哎哟，你说说，怪不得别人说，谁说张杰不会说话，因为你不是谢娜。我官方认证这句话啦。哈哈……

后来，每周拍一张，拍到三十几周的时候，我再看第一张照片，发现肚子真的就是平的，但是当时就是觉得肚子大了啊，奇怪。我

想可能也是心理作用吧，因为内心实在太想宝宝们快快长大啦。

如果不是看照片，我根本感觉不到这种明显的变化。

我老是会感叹，女人的身体真的太神奇了，薄薄的肚皮，可以那么有弹性。啊，肚子一周比一周大，每周都觉得绷到极限了，接着到了下一周，还能继续变大。所以我老是在想，越来越大都不会撑破吗？像气球，本来只能吹那么大，但是吹得过于大了就会破，人的肚子会不会撑破啊？应该不会吧，从来没有听说孕妇肚子大撑破的啊。别说双胞胎，人家还有七胞胎的，也没有事啊。那段时间，我从没那么仔细地观察和感受我的肚子，每天洗完澡，我开始往肚子上擦各种油的时候，就会仔细看我的肚皮，发现肚皮中间会慢慢长出一条线，刚好在正中间，而且这条线会越来越明显。我会关注肚皮上有没有开始长妊娠纹。嗯，还好，一条都没有。我看网上很多妈妈发自己的孕肚照，每个妈妈的肚子形状都不同，有人尖尖的，有人稍微有点歪，有人圆圆的，而我的孕肚就是圆圆的。圆得好可爱，圆得好好看啊，我可喜欢对着镜子照我的肚子啦，是臭美的那种照镜子哟。我打心底里觉得怀孕的女人很好看。

他一定是个好爸爸

和所有孕妇一样，我的身体也会浮肿，尤其是脚，我本来穿

37码的鞋，后来只能穿40码。当我发现没有一双鞋可以穿上的时候，就乔装打扮到运动鞋店去试鞋，都是到男鞋区，试到一款40码的合适，买了两双一模一样的换着穿。

杰哥看着我的肿脚很心疼，每次我们出门散步，他都放慢脚步，跟我保持步调一致，慢慢走慢慢走，有时候有点像蜗牛那么慢，哈哈。临睡前他也会帮我按摩脚缓解浮肿，他是最有爱的按摩师，一边揉一边跟宝宝说话、唱歌。那段时间，他还编了很多给宝宝的歌，都很好听。

我有段时间睡眠不好，双人床就那么大，被我占了好大一块地方，占地方的除了好大好大的肚子，还有为了帮助我睡眠购置的孕妇枕。

杰哥特别能体谅我，每天睡觉都不太敢动。但我睡不着，就会不停换孕妇枕的位置。如果杰哥没睡着的话，会帮我忙；要是睡着了，我就尽量自己倒腾一下，不到万不得已不会叫醒他。但不知道杰哥是不是有感应，我醒了，他也会跟着醒。

因为怕影响他休息嘛，我想让他睡另一个房间，他坚定地说："当然不行，我得陪着你，你晚上要上洗手间什么的不方便，我还能帮你开灯，扶你过去，睡觉不是事儿，醒就醒会儿，我一闭上眼就能睡着。"

我觉得整个孕期杰哥也很不容易。所以，有时哪怕我睡不着，也会假装睡着，背对着他躺着，戴着耳机用 iPad 看剧，放一整晚，看着困了就眯会儿，醒了又看会儿，不强求，也不着急。

这些无微不至的照顾和陪伴，在某种程度上缓解了我内心的忧虑。

记得有一次，我和杰哥在阳台上晒太阳，他找出一本书，准备给宝宝们取名字。他认真的样子好可爱啊，我偷偷给他拍了一张照片，当时我看着照片想，这样认真的杰哥一定会是个好爸爸，我也要努力成为一个好妈妈呀。

Chapter 3

多了一些牵挂

一生之中，有人短暂地相聚又很快地离开，有人则从某个时刻开始留在了身边。时间加深了彼此在对方生命中的烙印，最终让彼此成了对方生命中重要的人。

最漫长的一分钟

人对未知的事情最害怕，如果能稍微知道即将发生什么，可能就会消除很多恐惧。

如同跑完一场马拉松

我看了很多关于怀孕的书，发现很多怀双胞胎的孕妇，大概三十二周、三十三周就生了，不足月出生的宝宝们会很可怜，需要住在保温箱里。我希望宝宝一出生就可以每天抱抱她们。所以，怀孕期间我都特别小心，就像乌龟一样天天窝在家里休息。

孕后期，我每天宫缩得厉害，每次宫缩我都以为宝宝是不是要出来了，每天一惊一乍的。我去医院检查，医生说我的两个宝宝长得快，按这个情况，再挺两周就可以见到宝宝啦。我好兴奋啊，开始准备各种要住院的东西。其实，最后的日子是最难熬的，因为肚子太大了，睡觉都是从晚上坐到天亮，根本躺不下去。因为行动不便，连散步都没有啦，我每天就是倒计时，但感觉那段时间过得格外慢。等差不多到了那个时间，我去医院复查，医生说按我目前的情况，希望我可以再坚持两周。

　　我当时就有点崩溃，原本以为可以马上见到宝宝们了，我自己也可以马上"卸货"了，没想到还得坚持两周。就像一个跑马拉松的人，跑到最后，已经看到终点线了，咬牙用尽力气冲最后一段，以为下一秒就可以冲到终点了，但没想到终点突然后移了。

　　我听了着急地问医生："我每天宫缩得厉害，万一哪天晚上在家突然要生了怎么办？到时会不会太仓促？宝宝会不会有危险？医院会不会没有床位啊？"医生说："你不要担心那么多，你多怀一天半天哪怕几个小时，这对于宝宝们的生长都是最好的。你一定要坚持，为了健康的宝宝！"

　　听了医生的话，我一下子就不着急了，对医生说："嗯，这么久都坚持下来了，为了宝宝不住保温箱，为了最后的胜利，我必须坚持。"

　　那段时间，我每天给自己喊口号：坚持就是胜利，加油吧，娜妈妈！

改吃炸鸡的小庆祝

终于熬到住院前夕，我和杰哥计划去医院候产的前一天吃一顿火锅，既是对我怀孕这么久、这么辛苦的小小奖励，同时也考虑到，生完宝宝后，我既要坐月子还要给宝宝喂奶，会有很长一段时间不能吃辛辣的食物。

我每天掰着手指头算哪一天可以吃火锅，跟一个等待过年穿新衣的小孩一样。终于到了吃火锅那天，但好巧不巧白天看了一篇文章，说很多孕妇都是吃完火锅后，突然生的孩子。我又问了我几个当妈妈的朋友，其中真的有吃了火锅就提早生了的，我一下子又怂了。

我们原本定的是第二天去医院，如果吃完火锅当天晚上要生怎么办？肯定会手忙脚乱，人仰马翻。我立马拉着杰哥的手说："我做了一个重要的决定，不去吃了。"我跟他说了原因，他摸着我的头说："知道你想吃火锅很久了，不过我支持你的决定，那除了火锅，你还有什么特别想吃的？"

我想了想说："那就吃炸鸡。"于是去医院前，我弟下车买了一盒炸鸡。我们就带着炸鸡去了医院。

我们选的公立医院，入住了一间小小的病房，根本不是外界传的包了一整层。我睡一张单人床，旁边只剩一小块空间，杰哥买了一张行军床，晚上躺在那里陪着我。

晚上的时候，杰哥打开窗户一看：哇！百年难遇的超级蓝血月，太美、也太特别了吧！我们俩看着超级蓝血月，想着宝宝们要出生了，特别兴奋。我们马上要当爸爸妈妈啦，两个人一边聊天一边吹捧我们的宝宝们，说我们的宝宝肯定特别可爱，说她们出生前晚月亮这么特别、这么美，宝宝们肯定特别幸运，特别有福气。

何老师赶到了上海，住在了医院附近的酒店。我之前跟他说过一次宝宝出生的日子，但后来又改了嘛，只能跟他说："不好意思啊，又推后啦。"何老师说了，我这么重要的日子，他一定赶来陪我。

第二天早上就是生产的日子了，你说神不神，我头天晚上奇妙地睡着啦，睡得很香。早上起来，看到杰哥已经梳洗完毕，他穿了一件早准备好的红毛衣，好喜庆的样子。他看起来很兴奋，我乐呵呵地看着他，这个 24 岁就和我认识的男孩儿就要当爸爸了，真不可思议啊！在我们认识的很平常又不平常的那一天，哪里知道会在这一辈子一起经历很多事，还会有自己的两个小天使啊。人生就是这么奇妙啊，我再看看我的大得不得了的肚子，躺在床上，这大肚子可以挡住我的一切视线，我突然很珍惜剩下的一点跟我的大肚子相处的时间。跳跳、俏俏，你们那时在里面想什么啊？你们还记得那时你们两姐妹在里面交流什么吗？你们知道自己马上就要来到这个世界了吗？马上就要看到爸爸妈妈了，你们兴奋吗？会不会有一点担心和害怕呢？不怕不怕，有爸爸妈妈在，还有你们的阿公阿婆爷爷奶奶，还有爱你们的叔叔阿姨，都在这里迎接你们，爱你们。

我正东想西想的时候，我爸妈、杰哥的爸妈、何老师都走进了我的房间，接着进来的是介绍我们来仁济医院的庄医生和他爱人，还有另外几位同事。小小的房间好热闹啊，我感觉好像过年啊。妈妈走过来拉着我的手说："娜娃子休息得好不好？"我说："好着呢。"我问妈妈："当年生我的时候紧张吗？"妈妈说她不记得了，反正记得生了我这个乖乖娃娃。我说乖乖娃娃今天就要生两个乖乖娃娃啦，哈哈……妈妈拉着我的手一直摸着，而爸爸就在旁边微笑着看着我。我想爸爸妈妈多多少少会有些担心吧。但是那天早上我清楚地记得我一丁点都不害怕、不担心，因为我小小的房间里气场真的强得不得了。我一看时间快到了，起来洗了个脸，扎了两根小辫子，稍稍固定了一下，怕一会儿手术时散了。然后穿上提前从家里拿过来的杰哥在美国巡演时给我买的那件红色睡袍，状态相当放松。

杰哥细心地找了他的摄像师来给我们拍照和记录这个过程。有一下我背对着大家靠墙站着，何老师在后面惊呼："天哪，这哪里能看出来是马上要进产房的妈妈，明明就是少女娜。"哈哈，我好开心啊，我就是少女娜，永远那么青春活力又苗条的少女妈妈。何老师抓拍了我一张珍贵的背影照，他一直说从后面看，我就像已经生完宝宝了，哈哈。

说着话就到了要进手术室的时间了，我清楚地记得，阳光洒在房间里，每个人的脸上都是灿烂的笑容，每个人身上还贴着一个笑脸（我表弟统一买的，一是喜庆，二是让这层楼的医生护士知道贴着笑脸的都是我的家人和朋友），那感觉真的很喜庆，很吉祥。

　　手术时间到了，我躺上了手术推车，被推出病房的时候，房间里的家人朋友都在为我欢呼和鼓掌，我一下子乐了，哈哈大笑说："这气氛，感觉我马上要上场表演啦，哈哈哈。"家人朋友们的开心和热闹感染着我，让我好放松，大笑着对他们比着胜利的手势。我怀着快乐、激动、感恩和无比期待的心情被推进了手术室。

　　杰哥送我进了手术室，但不能陪着我做手术。我之前争取了好久，但是医院有规定，除了医生，谁都不能待在里面。知道这个消息的时候我消化了好久，因为在手术室里我多希望一直握着杰哥的手，这样会让我心安、会给我力量啊。但是到最后也不行，我只能接受这个残酷的现实。

　　记得打麻药前，杰哥握着我的手，他戴着口罩，用坚定而温暖的眼神看着我。他问我有什么感觉，当时我觉得嘴唇很干，说我好想喝水啊，但是因为要打麻药不能喝水，于是杰哥就用棉签蘸了一点水涂在我的嘴唇上。他凑到我耳朵边小声对我说："我们一起等待我们的两个天使的到来，爱你……"我说："杰哥，我也爱你，很快我们就可以和宝宝们见面啦。"杰哥说："我待会儿就在外面，你一侧头就能看到我。"聊了几句以后，杰哥就到门口去等着了。门的上方是玻璃，所以我一侧过头真的可以看到杰哥，虽然有点远，但我知道他可以看到我的脸，我也可以看到他的眼睛，这对我来说很重要。

说实在的，我真的没有害怕，说不害怕并不是逞强。打麻药前印象最深刻的环节，就是医生拿着一根很长很长的针，让我像虾一样弯曲着。这么长的针头整个插进我的脊椎里注射，哇，好尖好冰冷啊。我当时心里想的是，嗯，这么长的针头确实很夸张啊，别怕别怕，这些步骤在书上都看过，流程是一样的。别人能承受的你也能，为了两个小天使，这算啥。这个时候，我怀孕期间看的各种书真的起了作用，因为我对这些并不是一无所知。

人有时会对未知的事情感到害怕，如果稍微能知道即将发生什么，可能就会消除很多恐惧。

最漫长的一分钟

进了手术室，我的记忆就有点模糊了。

隐约记得医生们忙着做准备工作，有位戴口罩的医生负责给我打麻药，她先拿着卫生球在我肚子上擦碘酒，还一直问我凉不凉。我回答说凉。她就在肚子另一个地方再擦擦，问我凉不凉，我说凉，

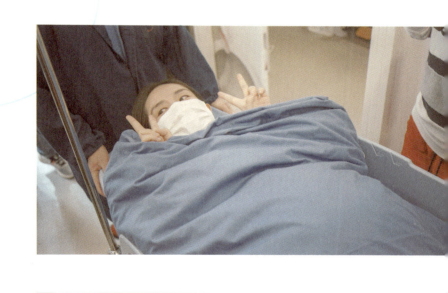

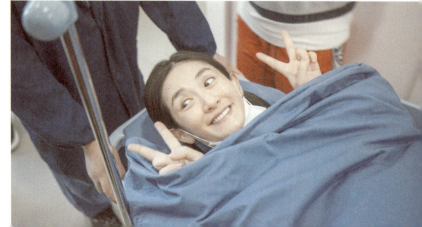

然后她就又换个地方再擦擦，问我凉不凉。我渐渐有点意识模糊了，因为我感觉不到凉不凉了，不确定自己是不是真的感觉到皮肤凉了，于是我说好像是凉的，又好像不是。

等狄医生把我叫醒时，宝宝都快出生了。

我听见狄医生喊："准备出来了，宝宝要出生了。"我的心一下子提到嗓子眼儿。天哪，在肚子里陪伴了我这么久的宝贝们要和我见面了，真的要见面了，这一刻我想象了好多次，就是现在了。每天和我在一起，那么熟悉却从未见面的小天使，就要出现了。旁边的人都很激动，喊着"出来了，出来了"。

我听到"出来了，出来了"的声音以后，使劲儿瞪大眼睛，但是感觉好吃力，因为我肚子那里隔得好高。我使劲儿听动静，我记得好像有倒数的声音，然后跳跳一下子被抱了出来。现场的医生开心地跟我说："一个可爱的小女孩儿出生啦！"我好激动啊，我的女儿，是我的女儿出生了，一个可爱的小天使来到人间了。虽然当时手术室里有很多声音，但在我的感觉里是很安静的，因为我在等待跳跳的哭声。几秒钟以后，一声洪亮的哭声响起："哇——"我听到跳跳的哭声，清脆、响亮，一声一声让我放心也让我揪心。她是不是有点害怕啊？是不是在找妈妈抱抱啊？我好想起来抱抱她啊，但是我一动不能动，我想说话让她听到，但是声音小得不得了，而且喉咙和嘴巴好干。我眯着眼使劲儿听着跳跳好听的哭声，护士们在旁边给她做着出生以后的各种检查护理，而我突然在想，我怎么没有哭？怎么跟电视剧里面的情节不一样？我知道我在控制自己的情绪，尽量让自己保持冷静、理智，因为俏俏宝贝还在腹中没有出来，我用意识控制着自己，保持冷静，先不要哭，一定要确认她也平安出生。

那一分钟特别漫长，就好像在黑暗中跋涉，不知道何时才能看到光亮。麻药让身体失去了痛感，但还留存着触觉。我能感觉到另一个宝宝还在肚子里，有经验的狄医生正在其他医生的配合下尽职尽责地接生。我竖着耳朵使劲儿听，听到狄医生说老二脐带绕颈两圈，如果是顺产，或者我中途羊水破了，宝宝们的处境会非常危险。听狄医生的口气似乎并不着急，只是在讲这个情况。但是我心里却有点慌，很着急：那现在怎么样？会不会勒着脖子啊？会呼吸困难吗？可是我说不出话来。好像又过了很久，听到狄医生说："准备迎接第二个宝宝了。"我感觉肚子被使劲儿挤压，很大的劲儿，接着就听到医生们开心地喊："来了，第二个来了，又是个可爱的小女孩儿。"

我此时紧张得要命，竖着耳朵听俏俏的哭声。为什么还没有听到？那时的每一秒都好漫长啊，1、2、3、4、5、6，"哇——"俏俏也哭啦，声音和跳跳一样，清脆、响亮。在听到俏俏的哭声，确认她也顺利出生的那一刻，我眼泪唰的一下掉了下来。刚开始等待时的那种故作镇静荡然无存，心中的慌乱、不安、幸福、开心揉作一团，所有情绪混合在一起，我又哭又笑。我好想抱抱她们啊，我的两个小天使，可爱的、健康的两姐妹，我们成功啦。你们那此起彼伏嘹亮的哭声，在妈妈听来，像是最美好、最好听的歌声，为了这歌声，所有的一切都值得啊。

很多电视剧里，经常会出现妈妈生完孩子后，医生把宝宝抱给妈妈看的画面。但我已经筋疲力尽，撑不到那刻，睡过去了。

据说在我睡过去的那段时间，杰哥看到女儿们，幸福的眼泪一下涌了出来。他看到跳跳、俏俏的第一眼，她们正在闭着眼睛比谁哭的声音大。杰哥对着她们唱歌，唱女儿们还在我肚子里时他每天对着我的肚子为她们唱的歌。刚听到爸爸的声音时，她们虽然还在哭，但是真的慢慢地哭的节奏缓和多啦。等她们被擦洗完、包裹好后，护士们把她们抱给杰哥。杰哥小心地抱着两个乖女儿，激动得不知道该说什么，就觉得自己是拥有了全世界的人生赢家。虽然错过了这一幕，但是我能想象到杰哥那时兴奋的可爱样子。

我迷迷糊糊地在房间里醒来。大家一看我醒了，就把两个女儿抱到我的枕边。我那会儿比较虚弱，没啥力气，就左看看跳跳，右看看俏俏，右看看俏俏，左看看跳跳，怎么也看不够。她们好乖啊，睡得好香好安稳啊，不是说刚出生的宝宝不会太好看吗？为什么跳跳、俏俏这么好看啊？为什么刚出生就会有爸爸的鼻梁、妈妈的尖下巴啊？好奇妙啊！枕头边这两个小东西长得像我又像杰哥，杰哥坐在床边摸摸我的脸一直说辛苦了，让我不要说话。我们俩就一直这样幸福地看着跳跳、俏俏，眼睛都不想眨啊。

两个小家伙，一个五斤六两，一个五斤七两，都很健康。好家伙，十多斤啊，妈妈每天负重练习哇。医生说好多单胎才五斤多，我这双胎都五斤多，而且两个宝宝都差不多重，真是不容易啊，太强了。听着医生的夸奖，我既骄傲，又感恩。我这时还是感觉意识有点迷迷糊糊，妈妈爸爸这会儿进来我房间，妈妈心疼地看着我说："娜娜，宝宝很好，一切都很好，你先好好休息，多休息。"

我笑着点点头。我迷迷糊糊睡过去之前又仔细看着她们小小的身体。她们闭着眼睛，安静地睡着。我忍不住想推一下她们的胳膊，因为光靠看很难确定她们是不是在呼吸。

抚摸的时候，我能感觉到她们温暖的皮肤，但宝宝们太小、太脆弱了，呼吸很轻。只有当我轻轻地推一下，她们身体动一下，我才能放下那颗悬在半空的心。

然后，我就迷迷糊糊地睡着了，再醒来时就听到杰哥在给她们放着 *Precious*，是杰哥两年前在美国进修音乐时写给未来宝宝的歌。我的思绪飞到杰哥写这首歌的时候，体会到他对未来孩子的又宠又爱又期待的感觉。今天他终于可以给他的两个女儿播放这首歌了，所以一整天他一直循环放着这首歌。

我麻药劲儿还没过，躺在床上休息，一整天脑子里就像放电影一样，记忆都是断断续续的。

其中还有一个印象是，应该是半夜吧，杰哥弯着腰站在小床边看宝宝，我一会儿醒过来他在看跳跳，弯着腰一动不动；一会儿醒过来他又在看俏俏，腰弯得很低，一动不动。是的，一整晚都是这样。我一度觉得那是我打麻药后的幻觉，只不过第二天，他就喊腰疼，所以我才确定那不是幻觉。他兴奋得睡不着觉，看了一整晚跳跳、俏俏睡觉。

跳跳、俏俏，你们知道爸爸妈妈有多爱你们吗？你们选择我们当你们的爸爸妈妈，知道我们有多感恩吗？有多幸福吗？欢迎你们来到这个世界，我们会永远爱你们、保护你们，你们也要相互爱着彼此哟！

欢迎跳跳、俏俏，我们一家人终于会合了。

记住每一个与你们有关的美好瞬间

爸爸妈妈就是这样啊，总想记住任何一个与你们有关的美好瞬间，哪怕只是简单的跳一跳和翘一翘。

比生孩子还痛的事

之前就有人提醒过我，医生们按压肚子排恶露会特别疼。

但这是必须经历的事。听护士们说，恶露是产后子宫蜕膜脱落形成的，其中含有血液、坏死蜕膜等组织，属于生理性变化，排尽恶露可以让产妇在产后尽快恢复身体，也能防止身体感染。

果然生产完没多久，医生们就来按压恶露了。那真是堪比生孩子的疼痛级别。医生一按，感觉还没有愈合的伤口瞬间绷开了。我手里握着镇痛棒，医生说忍不住时就摁点麻药，能稍微好点。但我知道自己接下来得给宝宝们喂奶，哪怕医生告诉我没事，我还是觉得一旦麻药进入身体，喂奶的时候多多少少都会影响到宝宝，就拼命忍着。但真的太疼了。由于我生的是双胞胎，肚子大，恶露也多，所以必须使劲摁。之后，每次按压排恶露，我都痛得死去活来。

下床走动

宝宝出生以后，就睡在我旁边，一刻也没有离开过我的视线。

第二天，护士过来要推着她们去洗澡，我不想她们离开我一秒，忍不住哭了。我想，刚生完宝宝的妈妈都是这样的吧，会情绪化一些吧，我一直重复着一句话："我不要离开我的孩子。"那时我真的是很认真地那么说，现在想想是稍许夸张啦。给宝宝洗澡的房间就在同一楼层，护士把宝宝们推走后，我立马让杰哥扶我下床，想跟着去看宝宝们洗澡。

我戴着可以让内脏慢慢归位的裹腹带，忍着痛，坚持下床。那是我手术后第一次下床，那种感觉就像被刀绞一样，疼得要命，尤其按压过恶露后，那种疼痛是加倍的。

但裹腹带还是起到了一定的作用，能稍微缓解一些疼痛。它有助于产后恢复，好多人睡觉也会裹着，但我睡前会取下来，太紧了，勒得难受。如果真裹着睡觉，我可能完全睡不好。不过，那是我生产后很重要的一个随身物品，陪我度过了那段煎熬的时间。

杰哥扶着我，我一点点挪着步子，凭着妈妈坚强的意志，走到给跳跳、俏俏洗澡的房间，听到她们在里面哭，我就站在外面哭。非常电视剧情节了，是不是？可当时就是这种直接反应啊，哈哈……等她们洗完了，护士把她们推出来，我和杰哥接她们一起回房间。其实，据说动完手术，早一天下床是有好处的，虽然下床那一刻很煎熬，但是挺过去就好了。这次我能提前下床，应该要谢谢我的跳跳、俏俏，要不是追着看她们洗澡，我还得多躺躺才能起来啊。

下午的时候，何老师他们没走，在我房间点了一些外卖，其中有烤羊腿。我闻着实在太香了，又从床上起来，挪步到小桌子那里。从桌子上拿起羊腿，啃了一口，正在嚼着，就进来一个查房的医生。

她吓了一跳，语气很惊讶地问："你刚生完孩子，吃羊腿？！"

我说："太香了，我就尝尝味道，不吃，不吃。"然后赶紧躺到床上休息。

结果，还没到晚上，这事就传到了狄医生那里，他专门跑到房间，严肃地对我说："你刚生完孩子怎么就啃羊腿啊，你要稳住啊。"然后每一位来查房的医生、护士都会跟我说一句"别再吃羊腿了啊"。我想，这在医院已经成为奇谈了吧。嘻嘻。

其实，我知道刚生产完肯定要吃清淡点，只是太想尝尝那个味道，并不是真的要吃。我主要是想装作跟没事儿人一样，融入大家，一起热闹热闹，没有那么夸张，没有那么夸张啦，哈哈。

不过真的感谢仁济医院医生、护士们的专业和尽职尽责，让第一次怀孕当妈妈的我那么安心。感谢你们，白衣天使们！

跳跳、俏俏来啦

宝宝生下来以后，我和杰哥一直喊她们的乳名。我们叫她们的乳名叫得特别顺口，就好像已经叫了很久很久。

我们给宝宝们取名的过程也很好玩。刚开始，她们不叫跳跳和俏俏，是叫蹬蹬和逗逗。

咦？这是为什么呢？

这缘于我们第一次去做 B 超，发现其中一个宝宝特别活泼，只要被照到，就一直蹬腿，我就跟杰哥说，这是在激动地跟爸爸妈妈打招呼吧，哈哈，要不这个宝宝就叫蹬蹬吧，听起来特有画面感，一下子就能想到第一次见到她的情形。另一个宝宝特别安静，侧躺着在睡觉，我们希望她能活泼起来，特别是最初胎动的时候，希望她多动一动，所以经常隔着肚皮逗她，也希望她能多逗一逗我和杰哥，于是叫她逗逗。所以，刚开始的那几个月，每次喊她们都叫蹬蹬啊，逗逗啊。

等到宝宝出生之后，确定了性别是两个小女孩儿，还是想取个稍微好听一点的小名儿，哈哈。我们感觉逗逗比较活泼好动，抱着她时，她喜欢一跳一跳的，于是我们就把她改名跳跳。

而俏俏的名字是因为做 B 超第一次照她五官的时候，她正仰着头睡觉，从下面看过去，嘴巴翘翘的，嘟嘟嘴，出生以后嘴巴也是翘翘的，好可爱，于是我和杰哥商量，蹬蹬可以改叫俏俏，"翘"跟"俏"同音，也能让我们记住她翘嘴巴的那个瞬间。所以，宝宝们就从逗逗和蹬蹬变成了跳跳和俏俏。

我有时候会想，她们出生以后会不会有点迷糊，为什么在妈妈肚肚里的时候爸爸妈妈一直叫她们蹬蹬、逗逗，出生以后却叫她们跳跳、俏俏？真是不靠谱爸妈弄得宝宝们晕头转向，哈哈。

有一天，我抱着一岁多的俏俏在阳台上坐着，她看着外面的风景，我突然就跟她说："俏俏，你看你现在这么大了，妈妈的肚子可装不下你啦。跟你说个搞笑的事啊，你以前可不叫俏俏哦，你还在妈妈肚子里的时候，特别喜欢蹬腿，所以我和爸爸就叫你蹬蹬。跳跳本来的名字是逗逗，'逗你玩儿'的'逗'。"

俏俏突然好像听懂了一样，嘻嘻地笑了起来。我接着说"你叫蹬蹬，跳跳叫逗逗"，她就一直嘻嘻笑，还重复我的话，"蹬蹬、逗逗"，小脚还一蹬一蹬的。哇，我觉得太神奇了。"她听懂了耶。"我激动地跟杰哥说。后来，我只要一说蹬蹬、逗逗，她就会乐，小脚还会蹬一蹬，你说奇妙不奇妙？我觉得小孩子应该记得在妈妈肚子里的好多事情，只是一时说不出来吧。所以，我总是会不时地问她们在肚子里发生的事情，比如怎么游泳啊，怎么玩脐带啊，怎么吃东西啊，然后通过看她们做出的反应和表情寻找蛛丝马迹的有趣答案。

跳跳、俏俏啊，妈妈对你们充满了好奇，有时候在旁边看你们可以看很久，怎么看都看不够，真的有好多问题想问你们啊。妈妈也知道，等你们慢慢长大，也会有很多问题要问妈妈吧，哎呀，不知道能不能答上来啊，妈妈加油，哈哈。我的女儿们，谢谢你们的到来，给妈妈带来这么多的惊喜和快乐。

我们回家啦

一个人的时候，觉得家就是个睡觉的地方。两个人的时候，觉得家是一个有人等候的温暖港湾。而有了宝宝以后，我觉得家就是家，多了很多难以形容的牵挂。

回家

按原计划，我会在医院住满一周。但怕到时会有媒体，第五天的时候，我跟杰哥商量："要不今天下午就出院吧。突然出院谁都想不到，你也想不到吧。"

杰哥笑着说："对啊，我没想到啊。"但他还是担心我的身体状况是否适合出院。我觉得没什么问题，就跟医生商量，医生确认之后也同意了。

说时迟那时快，我们立马办了出院手续。我们给宝宝找了两件连体羽绒服，戴上帽子，放到婴儿篮里，杰哥一手拎一个。跳跳、俏俏好乖地在睡觉，睡得可香了，任我们折腾。出门前，我们还和她们拍各种合影，然后以最快的速度出门上车。当时的医院确实很安静，门口完全没有人，我们快速出门，快速上车。

今天是个好日子，我们一家四口一起回家啦。当初进医院时还是两个人，今天离开医院就变成四个人啦。

我们想过去月子中心，找专业的月嫂照顾。因为我生产后身体虚弱，需要注意的东西特别多，有经验的月嫂不仅能照料宝宝，还能帮忙调理我的身体。不过转念一想，还是回家比较好，家里空间更私密一些，更方便一些，所以我们最后决定，还是回家坐月子。

回家那天还是有点忐忑，毕竟宝宝们那么小。我之前看过一本美国专家写的育儿书，他说新手爸妈一定要对自己有信心，从内心就要觉得自己是很棒的爸爸妈妈，自己可以照顾好宝宝，让宝宝感受到这份自信；出院以后，接宝宝回家的时候，要给宝宝介绍新家，抱着他们参观每个房间并介绍，让宝宝知道他们的家是什么样子的；等等。

我照着做，抱着跳跳、俏俏认识新家，让她们熟悉环境。趁她们醒着，我挨个儿介绍每个房间。到饭厅时我会说："跳跳、俏俏，这个房间是饭厅，以后我们一家人都在这里吃饭哟。等你们长大一点，就和爸爸妈妈一起在桌上吃饭哟。"到她们的房间时，我会说：
"这个地方是你们的房间哟，以后你们姐妹俩都在这里睡觉觉。"
等等。其实，大多数新手妈妈可能都不太自信，包括我，总觉得自
己还没有准备好。新手妈妈的这种不自信，宝宝其实是能感受到的。
还好我看了一些这方面的书，学习了一下怎样调整和应对，让自己
有信心，而宝宝也会更安心。

关门请注意

回家之后，需要注意的事情自然而然就多了。

没生宝宝前，我在家里都是随意地开门、关门，没有特别注意
到声响这回事，有时候风一吹门砰的一声关上，被吓一跳，也没觉
得有什么。但有了跳跳和俏俏以后，我突然觉得开门、关门怎么声
音这么大啊，尤其是门被风刮上的声音更觉得震耳欲聋，我特别怕
开门、关门的声音吵到她们睡觉或吓到她们。我的妈妈朋友们推荐
给我一个小神器，专门防止开门、关门声音太大影响宝宝休息。我
便赶紧买了回来，一下子觉得世界都安静了。

其实，跟怀孕时相比，生了宝宝以后的担心有增无减。

布置宝宝房间时，我们先是把顶灯拆了，怕宝宝们躺着换尿布
时被灯光刺到眼睛；我们又把柜子上的电视搬走了，担心她们以后

玩的时候不注意，碰到柜子被电视砸到。

原本房间里的墙面很硬，我们怕宝宝们磕着碰着，就买了一些专门适合宝宝学爬、学走时防撞的泡沫隔层贴在墙上，保证宝宝们的安全。插线板的孔必须都给封上，还有所有跳跳、俏俏能接触到的地方，都得保证安全。

我还给跳跳、俏俏布置了玩耍的地方，先是一个小角落，然后越来越多，杰哥说我把整个家都布置成了一个儿童乐园，这确实不夸张，如果有客人来，不想在"儿童乐园"里待着，最适合的地方就只有阳台啦。这是来自一个新手妈妈的激动和热情，请谅解啊，嘻嘻。

坦白说，有了宝宝后，我真的知道了很多跟宝宝成长相关的东西。每天都向朋友圈里的妈妈们问各种问题，她们也会热情地给我介绍各种适合宝贝们的小东西。

跳跳、俏俏，这是你们的家，温暖的家，欢迎你们的到来，你们好好睡觉，好好吃饭，好好玩耍，爸爸妈妈会陪着你们慢慢长大。

一个人的时候，觉得家就是个睡觉的地方。两个人的时候，觉得家是一个有人等候的温暖港湾。而有了宝宝以后，我觉得家就是家，多了很多难以形容的牵挂。

继续战斗的日子

就像歌词里讲的那样，"你会念书，后来也会上班，学每个大人一样去生活，去摸索，平淡日子里找答案"，我需要相信她们，也会给她们最大限度的保护。

浑身禁忌

美好的人生是百无禁忌，但坐月子则是浑身禁忌。我由衷觉得每一个坐完月子的女人都太伟大了。

那时候忌口已经变成了最最最基本的事，多的是不能洗头、不能看电视、不能过多使用手机的规矩。

既然是禁忌，就要听一听。因为我不仅想要照顾好宝宝，也想要好好照顾自己。

不洗头、不看电视我都能接受，但不用手机我就觉得太闷了。

后来，我也会偷偷玩一下手机，但不是持续地玩。真需要跟朋友或医生联系，我就用微信的语音功能，尽量保证不会长时间盯着手机。说实话挺难忍住的，有时杰哥会答应我，带我打一下游戏，我不用使劲儿，跟在他后面跑也特别开心，特别过瘾，转着圈跑。有时，跟杰哥一起看部电影，我也是每隔十五分钟就按一下暂停，在室内走走，休息一下眼睛。

还有一个比较折磨人的事情是无法洗澡，只能让月嫂用姜水帮我擦一擦身上。我好像是月子过半了才洗了个澡，真是忍无可忍了。

听说坐月子最好用姜水洗头，别人可能是用毛巾包住脖子、护着脸稍微洗洗，但我因为太久没有洗澡，特别希望从头到脚都能洗到，使劲儿冲，使劲儿冲，自己还充满仪式感地激动倒数一、二、三，数完就把姜水从头上倒了下来，有一些流到了眼睛里，瞬间就像遭了酷刑，"啊"一声划破天际的惨叫，眼睛火辣辣地疼。等洗完了照镜子才发现自己眼睛红红的，特别像兔子，真是又惨又好笑。

焦虑 TOP1

月子期间，焦虑 TOP1 就是奶水的问题。

刚开始两个宝宝都够吃，但随着她们慢慢长大，会需要更多奶水。小孩天生会吃奶，但我不太清楚她们吃了多少，有没有吃饱。

我感觉跳跳每次吸得很用力，吃得很好；而俏俏特别爱睡觉，总是吃两口就睡了。每次她们吃完，我刚躺下休息，没一会儿月嫂就会来敲门——宝宝们又饿了。新生儿需要大量的时间睡觉并在这个过程中发育，我特别担心她们因为吃奶而睡不好，影响发育。后来我跟月嫂商量买了个吸奶器，这样就能知道她们每顿吃多少，是不是吃饱了，起码我能安心，而从那以后，她们睡觉的时间也长多了。

那时我是全母乳喂养，为了保证两个宝宝每天的奶量，我所有的精力都放在喂奶这件事上，放在宝宝们身上。每天一醒来，我就开始努力喝鱼汤、喝鸡汤、喝水，小睡一会儿，这些都有助于发奶。因为需要喝新鲜的鲫鱼汤，爸爸妈妈每天会去黄浦江那边转很久，去找钓鱼的人，看到他们钓上鲫鱼，爸爸妈妈就会跟他们商量买一些。那段时间的鱼汤全靠爸妈啦，每天他们都会朝气蓬勃地出门，说"为我娜娜找鲫鱼去啦"，回来会唱着歌，因为总是会成功。我每次喝着新鲜鲫鱼汤就会不停地说："这也太鲜了吧，爸妈，你们也太厉害了吧。"他们总是哈哈地乐，特别开心。因为需要满足跳跳、俏俏两个宝宝的奶量，有时候因为差了二十毫升、十毫升，我都会有点慌乱或焦虑，怕她们会饿着。那时我才管不了什么减肥呢，吃什么能让奶量变多就吃什么。当然跳跳、俏俏吃奶为大啦，每天早上起床我都会给自己打气：今天加油吧，娜妈妈！

最惨的是遇到堵奶问题。一旦堵奶，胸像石头一样，人也很容易发烧。通奶的时候更难受，特别疼，不夸张地说，跟生孩子一样疼。每次通奶时，我会让月嫂把跳跳、俏俏抱到我旁边躺着，疼得受不了时我就看看她们，看到她们那么可爱，就感觉没那么疼了。但是我还是会发出一点疼痛的声音，有一次她们还哭了，我赶紧把"哎哟喂"换成了哈哈笑，让跳跳、俏俏觉得妈妈很开心，这样她们也就不哭了。我的乖女儿啊，这么小就知道心疼妈妈啦呀，好欣慰啊。

健忘症

生孩子之前，我就很容易忘事，生完孩子更是变本加厉，用杰哥的话说，就是"忘得有点恐怖"。

我平时用热水洗手，有一次，洗手桶里的水不热了，我想让家里阿姨帮我加点热水，就走出卧室喊她，喊完之后，我的思绪就不知道飘到什么地方去了。等再回到卧室，发现水是热的，又跟阿姨说，不用加热水了。阿姨一头雾水地跟我说，那是她刚刚加的。但我真的一点都不记得了，我站在原地想了很久，阿姨啥时候进来的啊？

后来，录《妻子的浪漫旅行》第一季时也发生过类似的事情。

当时我们都在楼上，其他几个人说要喝水，我就帮忙下楼拿热水壶。下去以后我站在原地顿了一下，然后居然拿了一瓶红酒上去了。水的事完全忘记了。这些都被摄像机记录下来了，所以我才发觉自己怎么这么能忘事儿啊。

后来，杰哥还陪我专门去医院做了检查，好像从专业角度解释，这叫脑供血不足。医生还做了些专业解释，然后给我开了药，让我生完孩子别太累了，要多休养身体。

哎呀，我可得听医生的话，不能再继续忘事儿啊。

一首歌

刚从医院回家的那几天，我特别多愁善感。

有一次，杰哥把我拉到书桌前，说："娜娜，我给你放一首歌，叫《给女儿的一封信》。"

那是一首送给女儿的歌，其中一句歌词是："不勉强追寻飞到多高的地方，只要你快乐才是唯一的真相。当你扮大人扮到疲惫了，有个家让你做回孩子。"听到这里，我号啕大哭。

我哭着说："我不想宝宝长大。"

一方面，当时身体内的激素水平还没有恢复平衡，情绪不稳定。另一方面，看着那么小、那么可爱的宝宝们，想到她们长大了，要面对很多困难怎么办，世界并不全是美好，有善有恶，有明有暗。

我不愿宝宝们将来遇到不好的事情，我想一直保护她们。

但我知道宝宝们总要长大，就像我也是这样长大的，或许就像歌词里讲的那样，"你会念书，后来也会上班，学每个大人一样去生活，去摸索，平淡日子里找答案"，我需要相信她们，也会给她们最大限度的保护。

现在想想，当时我应该有点轻微的产后焦虑吧，所以会容易多愁善感，容易哭鼻子。

我觉得只要一提起坐月子，每个经历过的妈妈都会有一肚子苦水可倒。但现在想起来也有好笑又可爱的瞬间，那些疼痛、担忧、焦虑，都是宝宝们送给自己的礼物，也是一段难能可贵的经历。

她们让我变得更勇敢、更丰富，也更明朗。

Chapter 4

世界上最可爱的你们

我们永远无法预知生活，因为它总是藏着不知何时
出现的惊喜。

小小的公园，平凡的幸福

曾经我无法理解，为什么那么多的人喜欢去公园玩。而现在，我也成了带宝宝们去公园玩的大军中的一员。人会变化，想法、身份、感受、选择，都是如此。

躺在草地上看天

以前我不了解公园的可爱之处，总觉得每个地方的公园都大同小异，不是荷花池就是乘凉亭，草坪、绿植更是看不出太大区别。而且公园的面积有限，稍微走一走就转完了。但从怀孕开始，我就逐渐喜欢上了公园，至少在那里，我能自由地呼吸新鲜空气。

我们还在上海的时候，到了冬天，有时站在阳台上我也会觉得胸口憋闷。在这种情况下，我就拉着杰哥、我表弟、助理，浩浩荡荡几个人，一起去旁边比较偏的公园散步。

虽然树上的叶子掉光了，但我很享受夹杂着一丝丝凉意的空气，喜欢深吸一口气，那种清凉好像能钻进肺里。原本憋闷的感觉不见了，在这里我找回来一点轻松、快乐。但他们几个人走在后面，缩着身体，冻得直跺脚。而我怀着两个宝宝，身上火热火热的，一点都感觉不到冷。

去的次数多了，我也逐渐明白城市是需要公园的。不管大小，总要有一个开阔、安静的地方，让人们去散步，去感受生活的气息。

宝宝们能出门后，我只要看着外面天气好，就会带着她们去公园。支顶帐篷，铺上防潮垫，再拿一些零食和饮料，我们能从早上九点一直待到下午四点。阳光照在身上，不一会儿就暖融融的，空气里还会有泥土的清香。

有一次，宝宝们玩累了就躺在帐篷里睡觉，我躺在旁边看天，转头看着周围的人，突然意识到，哇，我也成了习惯逛公园的人。这是我之前无论如何也想象不到的事。

杰哥也常常加入我们的公园小分队，一家四口，带上装备去公园野餐。我们俩整理带来的东西，跳跳和俏俏晒太阳。弄好后杰哥坐在旁边休息，他用特别温柔的眼神看着我们说："这就是我梦里梦到过的场景。"

我一下子被他的话击中了，幸福得想哭。

我特别理解杰哥的感受，就像我之前觉得世界上最无聊的地方就是公园，但现在，我觉得最最有意思的就是经常跟他们一起在公园里玩。

公园里的小小课堂

对宝宝们来说，公园就是一个大大的天然乐园，她们能在那里认识这个世界。我能感受到她们对周遭世界的好奇，因为一切都是新鲜的、未知的。

教她们认识一些东西的时候，我好像也换了一个视角重新认识原本习以为常的事物。

她们看到小草也会停下蹲在旁边，观察一会儿，然后伸手触摸。我在旁边帮忙介绍："这是绿绿的小草，但不能吃哦。"还会给她们唱："没有花香，没有树高，我是一棵无人知道的小草，从不寂寞，从不烦恼，我的伙伴遍及天涯海角。"

公园里有棵树枝垂得很低的柳树，每次遇到我会告诉她们，这细细长长垂下来的是柳枝，也尽量用她们可以理解的语言描述，比如，垂下的柳枝就像小女孩的长辫子。我还会站在柳树中间，把两根柳枝拉到耳边，比画出辫子的感觉；把两片柳叶放在眉毛上，说："看妈妈的柳叶眉。"每次跳跳、俏俏都会咯咯咯地笑。

虽然我早已认识小草、柳树，但跟宝宝们一起重新学习的时候，远比之前看得认真。这种感觉就像把一个熟悉的字写了很多遍，突然觉得自己写得不正确的奇异感，还挺好玩的。

每次去公园，我们都会看花草，不同季节有不同的花，迎春花、桃花、海棠花、梅花等。过去，我从不关心这些花卉绿植的品种、名称、效用，只觉得它们是一种美好的象征，可以装饰房间，也可以当成表达心意的礼物。但现在，花花草草成了宝宝们认识世界的一个起点，而我再也不敢说公园无聊了，因为每一个小小的公园里，不仅藏着平凡的幸福，也藏着一个等待被发现和挖掘的知识宝藏。

在公园里，我们还会和跳跳、俏俏蹲在地上，看很久的蚂蚁搬家，看蝴蝶、蜜蜂在花丛中飞，看各种各样的小动物，这是以前的我从来没有想过的。在我生日的那一天，我们第一次带她们去了动物园，我记得这是我长这么大第一次认真地去动物园看动物，第一次看到长颈鹿、斑马、各种鸟类，还有各种各样的其他动物。跳跳、俏俏的小眼睛到处看，她们兴奋得不得了。中午，她们在婴儿车里睡着了，我和杰哥把婴儿车挪到一个树荫底下，我们就坐在旁边帮她们赶赶蚊子。等她们睡醒，旁边有一群小朋友在野餐，我们看着他们在想，我们跳跳、俏俏长这么大的时候该是什么样子啊？到那时，爸爸妈妈就可以带你们去更多美丽的地方旅行啦。

世界上最可爱的你们

我们永远无法预知生活，因为它总是藏着不知何时出现的惊喜。

剪头发

我第一次给跳跳和俏俏剪头发时，压力特别大。当时是趁着她们睡觉的空当，让阿姨抱在肩上，我悄悄地剪。虽然我剪得很仔细，但成果却很一般，看起来像狗啃的一样。所以，自那次理发行动以后，杰哥一直不让我再给宝宝们剪头发，每次都是趁造型师来家里的时候给她们打理。杰哥特别在乎宝宝们的发型要好看这件事。

可有时候她们的头发长长了，恰巧我们的造型师暂时没有时间，我总觉得她们会很热，于是悄悄买了一套给宝宝们剪头发的工具，每次趁杰哥不在家的时候，就给宝宝们修理一点点，不易察觉的一点点，嘻嘻。

最近几次给宝宝剪得特别满意，看起来很整齐。每次剪完我都会说"好漂亮啊，真好看"。而且，妈妈理发师和两位小客人之间的默契越来越好了，现在我可以在她们坐在餐椅上看书的时候给她们剪头发。她们很乖很听话，很相信妈妈理发师的样子。还好没有让两位小客人失望，至少她们的爸爸认真检查之后会说："还行，就是稍微齐了一点，下次可以剪得再自然一点。"虽然杰哥不鼓励我继续当女儿们的御用理发师，但是听了这个评价，我觉得相比以往的拒绝，这就是大大的夸奖啦，哈哈。

跟爸爸一起唱歌

我们家里有个小台子，跳跳和俏俏经常拿着话筒站在上面唱歌。她们特别喜欢跟杰哥对唱，咿咿呀呀的特别好玩。有时候，我会在旁边主持，说接下来有请跳跳为大家演唱《啊之歌》（跳跳自创的歌曲），跳跳就会"啊——"，或者是接下来有请俏俏为大家演唱《爸爸之歌》（俏俏自创歌曲），俏俏就会"爸爸爸爸爸爸爸"地唱起来。她们俩在家里的表演还被杰哥录了下来，现在杰哥的手机里存着好多宝宝们的声音，哭声、笑声、对话声，他特喜欢记录这些可

爱的瞬间，觉得很宝贵。在鸟巢演唱会上，杰哥还将其中一段对话和声音播放出来，让她俩当爸爸的演唱会嘉宾。当时全场都沸腾了，她们凭自己的声音登上了热搜。大家都夸跳跳、俏俏古灵精怪又可爱呢，看得妈妈偷偷乐，嘻嘻。

宝宝们现在越来越有自己的意识了，模仿能力也很强，经常我说什么话、做什么动作，她们都能马上模仿。

她们俩的性格也很不一样，跳跳像我，很活泼，爱模仿，很搞笑；俏俏像杰哥，很淡定，很稳重，声音洪亮。有时候我特意逗她们，跳跳已经笑得前仰后合，而俏俏还是那种抿嘴一笑的样子，她们的这种反差萌像极了我和杰哥听笑话的样子。

前段时间，杰哥作为制作人帮我录了两首歌，一首是《洗澡歌》，一首是《三字经》，目前是跳跳、俏俏独享的哟。在给她们洗澡和陪她们散步的时候，我经常放给她们听。

有一次，我们坐车去一个地方，一岁多的跳跳突然念起了《三字经》，把我们吓了一跳，杰哥赶紧拿出手机录音。我俩都不敢出声，怕打断宝宝的背诵。她背了好几节，我听得眼泪都快出来了，同时也有各种担心：哎呀，别长得太快啦，这样下去很快就超过妈妈了，怎么办啊？

还有一次，我们给俏俏洗完澡，正擦着润肤霜时，放着的儿歌专辑第一首歌结束，她突然说："小白兔。"我们还没有反应过来呢，就听下一首歌开始播了，正好就是《小白兔》。等到这首歌结束，她又说："小狗。"果然，下一首歌就是关于小狗的，我和阿姨在旁边都愣住了。等这首歌放完，我又问她下一首是什么，她说："小马驹。"果然是首关于小马驹的歌，这也太神奇了吧。 还有，我们开车回家，还没转弯，她就会喊"到"，意思就是马上到家了，结果一转弯就到了。她还经常会说出下一个路口有些什么，比如有个八爪章鱼，或者有个大屏幕什么的。杰哥说他小时候也这样，脑子里很有数。我说："好吧。记忆力比妈妈强一万倍，以后路痴妈妈就靠女儿们好啦。"

我和杰哥一起陪伴着跳跳、俏俏成长，每一天都好有趣，每一天她们都会解锁新的技能，给我们带来新的惊喜，让我们觉得超级惊讶和幸福。

两份欢喜，两份担心

在做妈妈这件事上，我还不能得心应手，每次宝宝们有点小问题，我都会心焦、着急，恨不能替她们受着。这大概是妈妈们需要适应和克服的成长难题吧。

爱发问的我

当妈妈的那种手足无措感，在宝宝们生病时最明显。有一次，宝宝屁股上长了一点湿疹，有人说可以抹点药膏，有人说不用，真是让我左右为难，不知道听谁的。我就给丫丫（佟丽娅）发求助信息，想知道她家宝宝长湿疹的时候是怎么处理的。

没一会儿，她就发语音过来告诉我该怎么办。可等到下午的时候，我又发了一条一模一样的语音信息给丫丫。丫丫不敢相信地问我："娜，我没听错吧，你上午问过我一模一样的问题，语音长度都是一模一样的。"

其实是因为我到处求助，早忘记自己问过丫丫了。可想而知，我当时打扰了多少妈妈。

新手妈妈们面对宝宝生病，真的很难从一开始就从容不迫，多半都是焦虑到慌乱。更何况科学、正确地照顾宝宝是一件需要长期学习的事，而我在照顾宝宝方面差不多什么都不懂，就像一张白纸，白到连最基本的拍嗝都需要从头学习。

坐月子的时候，有次朋友来家里玩，看到月嫂在给宝宝拍嗝，觉得她拍的方法不对，说着就比画着自己是怎么给宝宝拍嗝的。

我一听着急了：哎呀，怎么办，姿势不对会不会拍坏宝宝啊，到底哪个是对的啊？

我赶紧发了个朋友圈，问大家给宝宝拍嗝的正确姿势是什么。不问还好，一问发现每个妈妈的拍嗝方式都不一样。有人抱着洋娃娃给我发视频演示，有人发了一段详细的文字说明，都特别用心。

不过，让我有点惊讶的是，这么小的一个问题，竟然都能产生这么大的分歧。育儿真是"路漫漫其修远兮，吾将上下而求索"，要有信心，加油吧，跳跳、俏俏妈。

跳跳、俏俏第一次发烧

　　还怀着宝宝们的时候，我们搬到上海，刚到时借住的朋友家，旁边有一家带亲子房间的酒店，里面有滑梯、小帐篷、儿童乐园，每次散步经过，从外面看着里面一家人在玩都觉得好羡慕，想着宝宝们出生以后，我和杰哥一定要带她们一起去里面玩。

　　今年夏天，我终于完成心愿带着她们去了那里，还跟跳跳、俏俏说："妈妈以前怀孕的时候就想着等你们出生后，带你们来这里玩，今天终于如愿啦。"她们开心地在里面玩滑梯、玩游戏，当时我们计划着在房间玩一会儿就一起去附近的森林公园，但因为一直下雨没能去成，只好把森林之旅留到第二天。

　　到了晚上，我迎来生宝宝后的最大挑战——俏俏第一次发烧了。我给有宝宝的各个朋友打电话求助，问她们，也问医生，想知道应该怎么给宝宝降温。刚好陆毅、鲍蕾家就在附近，鲍蕾热心地给我送来了宝宝用的感冒药。俏俏从来没吃过药，不到万不得已，我不想给她吃药。所以，我先选择了物理降温，用温水给她擦身体。但是俏俏太困了，想睡觉，拒绝我们给她擦身体。于是我试着用冰贴，但是贴上她就拿掉，贴上她就拿掉，我着急得不得了，在屋里转来转去。整个晚上，每隔一会儿我就用体温计测一下俏俏的体温，她的体温始终不稳定，一会儿降下来一点，一会儿又升了上去。我的心真的是跟着她的体温跳动，她的体温降下一点我的心跳就正常一点，一听她的体温又升高了，我的心跳就开始加速。当她的体温一直降不下来的时候，我就听医生的话，喂她吃一点点退烧药。当天晚上俏俏睡得满身大汗，我就又给她换了一身衣服。第二天白天她没再发烧，精神状态也还可以。

但到了第二天晚上，俏俏又开始发烧。那天晚上杰哥因为有工作出差了，我把俏俏从小床抱到大床上，继续物理降温，当她的体温还是没有降下来的时候，我又给她喂了一点点退烧药。我又怕她满身大汗，一直守着，她只要出一点点汗，我就赶紧给她擦掉，快到早上的时候，我摸她额头，发现终于不烧了，衣服也没有像昨天一样被汗浸湿。

我把俏俏抱回小床，自己也躺下来眯一会儿。就在这时我突然意识到，面对宝宝生病，自己好像变了一个人。过去的我粗枝大叶，马马虎虎，一点也不细致，但是现在，我可以细致耐心地整晚照顾宝宝，只盼着她能快点好起来，健健康康的，只要她退烧了，我做什么都值得。

得到了两份欢喜，就会有两份担心。真是亲姐妹啊，俏俏刚好一些，跳跳又开始发烧了。我这回稍微有了一点经验，我也是先给她物理降温，贴冰贴。好在给跳跳擦身体的时候，她不拒绝，虽然也在睡觉，但还是乖乖地让我用毛巾帮她擦身体，给她额头贴上冰贴她也不会撕掉。这样反复擦几次，过了一会儿，再给她量体温，你猜怎么着，体温降下来啦，我真的差点一下子欢呼起来。我继续监测跳跳的体温，跳跳当天晚上就退烧啦，自始至终没有吃药。哎呀，如果俏俏宝贝可以让妈妈做做物理降温，是不是也不用吃药了啊？都怪妈妈没有经验。

第一次面对她们发烧，实在是太让人着急、太让人心疼了。相信妈妈有了这次的经验，下次一定会做得更好。

现在遇到问题，我还是一个到处问别人该怎么办的妈妈，特别焦虑，特别担心。我还在慢慢地让自己更从容一些，希望我能尽快成为一个特别有经验、特别会照顾宝宝，遇到所有的难题都不会焦虑、不会慌了手脚的妈妈吧。

她们不一样

我希望她们现在可以过普通的生活，以后在上幼儿园的时候，不会被其他小朋友追问："我是不是在电视上见过你？"

福气宝宝

其实，知道她们是双胞胎后，我总是不由自主地做一些确保公平的事，比如，孕期吃鸡蛋、喝椰子汁，一定是一人一个。我不喜欢吃鸡蛋，现在也不吃，但怀孕的时候，需要补充营养，只要吃就一定吃两个。

不知道是不是双胞胎之间有心灵感应，有些事情她们真的会做一样的选择。

244

跳跳、俏俏一周岁的生日，我们在家里，和我爸妈、杰哥爸妈以及几个朋友同事一起，给她们小范围地庆祝了一下。我提前给她们买了两件白色的礼裙，她们穿上后真是可爱得不得了，就像两个小天使。等她们睡醒了午觉，我们就安排她们俩抓周。我们准备了差不多二十种东西，有话筒、算盘、红包、福袋等，各有寓意。我觉得不管她们抓到什么都挺好的。但是作为金牛座妈妈，我还是故意多放了几个红包，嘻嘻。

我们把两个宝宝分开，一个一个地抓。杰哥先把俏俏抱到客厅，她朝我们摆好的一堆东西爬去，快爬到的时候，突然停了下来，左看看右看看，一眼都不看金牛座娜妈妈放的几个红包，直接爬向了红色福袋，一把抓到手里。哇！福袋的寓意是装下所有东西、所有福气哦。屋里所有人都在给俏俏鼓掌，一旁的何老师还一直说："哇，一把抓到福袋，我们俏俏可真厉害啊！"

俏俏抓完以后，我们把东西复原，把她抱到一边去玩，然后把跳跳抱过来抓。一被放到垫子上，跳跳也朝我们摆好的东西爬去，中间也没有停顿，也没有看一眼金牛座娜妈妈准备的几个红包，想也没想直接抓了和俏俏抓的同一个福袋。一看俏俏和跳跳前后抓的一模一样，我眼泪一下子就飙出来了。这就是亲姐妹的心灵感应吧，被大家亲眼见证啦，这也太奇妙、太感人了吧！

一个小小的福袋装着满满的福气，有特别好的寓意。我和杰哥一直在感叹心灵感应这件奇妙的事情，然后把那个福袋一直放在我们的床头，每天看到福袋，就想到女儿们一岁生日时有趣的抓周情景。跳跳、俏俏，你们就是我们的福气宝宝啊！

她们没什么不一样

不过，双胞胎实在太显眼了。每次带宝宝们出门，路人根本不会看我们，注意力全在她俩身上。而我从喜欢给她们买一样的被子、衣服、玩具变成了买不一样的被子、衣服、玩具。哪怕是看到特别好看的衣服，买了两件，给她们穿时也会岔开时间，一是觉得她们应该有不同的性格，喜欢不同的颜色，适合不同的样式；二是不想刻意凸显她们是双胞胎这件事。我问过来上我节目的双胞胎还有四胞胎，其实他们都不喜欢一上街就有叔叔阿姨不停地说"哟，双胞胎啊""哟，四胞胎啊""让我看看谁是姐姐啊""让我看看哪里不一样啊"，他们只是想正常地逛街。因此有时候，这些双胞胎、四胞胎都会分头去逛街。我们希望跳跳、俏俏尽量少遇到这样的事情，更不希望她们因为是张杰、谢娜的女儿，而无法享受到本应该有的自由自在的童年。

所以，我们很保护她们，不管是宝宝百天宴还是周岁宴，我们都是在家里请几个朋友、同事聚一聚，虽然是很简单的庆祝方式，

但每个环节都特别用心，家里布置得也很温馨。我们觉得她们在熟悉舒适的家里会更自由自在，不受约束是对她们最重要日子的最好庆祝。

我希望她们像其他小朋友一样生活，不要被灯光、镜头包围。她们那么小，可能还不太能理解——为什么别人会关注我？难道我有什么不一样吗？

如果以后她们跟我说，妈妈，我想唱歌、想当主持人，我都会让她们自己去选择和争取，但现在她们还没有足够的判断力。

我希望她们现在可以过普通的生活，以后在上幼儿园的时候，不会被其他小朋友追问："我是不是在电视上见过你？"

这不是我和杰哥希望的。

如果跳跳和俏俏注定要面对镜头，那我希望至少是在她们有独立思考的能力之后。

两小只的第一次旅行

阳光、沙滩、海岛旅行。宝宝们出乎预料地配合，但快乐假期里也夹杂着有惊无险的小插曲。

飞机上的小礼盒

我们跟宝宝们第一次旅行的目的地是三亚，在北方还冷到需要穿羽绒服的冬天，我们飞到了可以换上薄衫、凉鞋的南方海岛。

跳跳和俏俏第一次坐飞机，我不知道会发生什么状况。一方面是害怕她们路上不舒服，高空飞行，可能会耳朵痛。另一方面是怕她们因为不舒服而哭闹，打扰到其他旅客休息。

旅行还没开始，我就先开始了准备工作。

首先选了宝宝们平时午睡时间的航班，这样飞机起飞的时候，刚好能喂她们喝奶，吞咽的动作能缓解耳朵的不适感。我还提前给她们看了小熊坐飞机的绘本，让她们了解坐飞机是怎么一回事。同时，我还准备了十几份小礼盒，里面放了耳塞、巧克力、糖果，还有一张我用小孩子语气写的问候卡片，大概意思就是，叔叔阿姨你们好，这是我第一次坐飞机，可能会因为耳朵不舒服而哭闹，请你们多多包涵。其实，最重要的是表达我的心意，希望其他旅客能理解和包容。

　　直到出发前，我都忧心忡忡。从家里到机场，还需要一个多小时的车程。跳跳和俏俏还没特别习惯安全座椅，万一在路上就开始哭可怎么办？结果，从出发开始，两小只就乖乖地坐在安全椅上，各自看着窗外的景色，又好像在思考什么，一路上安安静静的，所以我觉得很快到了机场。到了机场以后，她们透过玻璃，第一次看到飞机，好多架飞机。我和杰哥抱着她们坐在窗边一直看飞机，一边看一边跟她们说："你看，小熊旅行坐的也是这种飞机哟。一会儿我们也要像小熊一样，走到飞机上，飞机会起飞，飞上蓝天哦。哎呀，快看，有一架飞机开始滑行了，马上就要起飞了。我们数 1、2、3，起飞。"看到飞机飞了起来，跳跳和俏俏发出了她们刚刚解锁的"哇"，逗得我和杰哥哈哈笑。我们那么多次到机场赶飞机，这是第一次认认真真、仔仔细细地在机场看飞机。看着一架一架的飞机滑行、起飞，每一次起飞我们都和她们一样兴奋。想想也真是有趣，我特别深刻地感受到，有了她们以后，我对很多很多的事物更好奇，观察得更加仔细，也觉得之前忽略了身边很多有趣的东西，比如机场的车上面的闪灯，每一架飞机机身的颜色，每一次飞机起飞的快慢等。

差不多登机的时间到了，我们抱着跳跳、俏俏开始登机。她们左看看右看看，好新奇的样子。坐到座位上，她们还站起来看周围的旅客，看完之后，又坐在座位上看窗外的其他飞机。这个时候，飞机准备起飞，需要系好安全带。因为她们还太小，必须抱在手上，再系上婴儿专用的安全带。飞机开始滑行了，我们跟跳跳、俏俏说："飞机快要起飞啦。"这时我们拿出起飞前准备好的奶给她们喝，

她们喝完就睡着了。哎呀，我们一下放心了，但还是把准备好的小礼袋给了旁边几个旅客，还有为我们服务的空姐。飞机快降落的时候，她们醒了。我们先让她们看看窗外的白云，她们看呆了。飞机下降了，我们又拿出准备好的小饼干给她们咬着吃，咀嚼一下，好让耳朵舒服一点。飞机慢慢地下降了，她们一边吃饼干一边兴奋地看着窗外的景色，俏俏还不停地对着空姐笑。飞机一落地滑行，我这颗悬着的心终于放下来了，我感叹地说："这、这也太顺利了吧。"一下飞机，她们就像变了一个人，特别兴奋，在去酒店的车上咿咿呀呀地唱着歌。

跳跳和俏俏第一次飞行的经历让我觉得，她们真的太适合旅行了，以后我可以放心安排度假的事情啦。

悠长假期

到三亚之后，我发现两小只每天都玩得特别开心。她们第一次见到海，都很兴奋，我们先抱着跳跳，让她脚碰海水，她一点都不怕，嗒嗒嗒地踩着海水，还哈哈哈哈地笑。但俏俏好像有点怕，每次刚刚要碰到海面，她就把小脚丫向一侧撇开，完美躲过，好玩极了。

我发现她们在三亚成长得特别快，那段时间她们很喜欢拉着我们的手学走路，我们拉着她们，按她们的方向走，想往哪里走就往哪里走。第一次拉着她们走路的是杰哥，有一天我看杰哥拉着跳跳在走，她好兴奋的样子，可能因为跟她平常爬着走的视线完全不一样吧。俏俏在一边新奇地看着，我也去拉着俏俏走。俏俏的表情也好兴奋，于是我们两个带着她们在草地上来回走，她们都不想停下来。我们感觉她们累了就抱一会儿，带她们看看椰树，看看树上的小鸟，然后再走。当她们发现自己可以走路的时候，只要睡醒了，就想到处走走，感觉她们一天比一天走得稳，很快就可以放开爸爸妈妈的手自己试着慢慢走啦。

我们一起在三亚待了很长一段时间，那可是我们跳跳、俏俏第一个去旅行的"悠长假期"。

在这个假期里，让我记忆深刻的是一次意外摔跤的经历。

那天，我抱着俏俏去吃奶，地上有一摊水没有擦干净。我也没看到，走过去时脚底打滑，腾空而起，重重地摔了一跤。如果没抱着宝宝，我可能会本能地用手掌撑一下地面，缓冲一下，不会摔得那么重。但我抱着俏俏，根本不敢松手。站着的时候抱着俏俏的手是什么姿势，摔倒的时候就保持着什么姿势。

当时，杰哥听到我重重摔在地上的声音，跑出来看我，我抱着俏俏摔倒在地上一动不动，他整个人吓到说不出话。

我只知道自己摔得很重，但不知道宝宝有没有受伤。来不及管自己赶紧低头看俏俏，意识到她要哭，赶紧安慰她没事。还好我的

跳跳给妈妈捡的花

手没有松过，有我垫着，俏俏一点事都没有，只是吓着了，我忍着痛跟她说："乖，没事没事。"

杰哥赶紧过来要扶我们，我让他先把俏俏抱过去。当时我身体特别疼，没办法动，后来去检查才知道摔得肌肉软组织撕裂，而且摔到的地方里面肿起来压迫到左边的坐骨神经，脚麻到没有了知觉。

我的后半段假期，就加入了针灸、电疗项目，经常需要去三亚的医院接受治疗。

现在想想真是一阵后怕啊，幸好我有一定的基本功，毕竟小时候上过武术苗苗班啊。这段惊险的小插曲提醒我们以后要更加小心谨慎。

这次，跳跳、俏俏整个假期都过得很开心。我们开始期待和宝宝们的下一次旅行。

过了一段时间，我们又带她们去了北京。那会儿，杰哥参与了国庆七十周年文艺晚会，必须在北京进行排练表演。这是非常重要也非常荣耀的事情，可是排练和演出需要一个月的时间。也就是说，杰哥会有一个月见不到宝宝。有一天，杰哥不舍地对我说："我接下来有一个月见不到我的跳跳、俏俏怎么办啊？"确实，从跳跳、俏俏出生到现在，他还没有离开过她们那么久。我看杰哥舍不得的样子，马上对他说："这一个月，我和宝宝搬到北京，陪你排练。"他眼睛一下子亮了，说："真的吗？"我说"当然"。说了就马上行动，我们兴奋地收拾需要的东西，然后跟跳跳、俏俏说："走，陪爸爸上北京工作去，顺便看看妈妈生活奋斗了十几年的地方。"

几天以后，我们就出发去了北京。在北京，杰哥每天排练，我就带她们到处玩，到最适合宝宝玩的地方各种打卡。每到一个新的地方，她们的眼睛里就充满了好奇。我带着她们去了各种室内儿童游乐园、亲子餐厅，还带着她们去超市，让她们自己选蔬菜水果。她们很喜欢自己推着车车在超市里走，虽然她们两只手要伸很高才能摸到推车的手把，但两姐妹特别喜欢这样并排推着小车车逛超市，看起来很能干的样子。

每天早上杰哥出发前，我们会带跳跳、俏俏去公园散步，她们在草地上奔跑，追追蝴蝶，吹吹泡泡，开心得很。有时太阳太大了，我们就给她们一人打一把伞，但是跳跳、俏俏非要自己拿，两个小人儿自己拿着伞，完全被遮住了，只看到两把伞在移动。我们边笑边拍两把伞自己移动的画面，太欢乐了。

就这样我们在北京陪了杰哥一个月。在国庆七十周年文艺晚会上，杰哥唱的歌曲《天耀中华》很受欢迎，也得到了观众的好评。回上海的前一天，我们带着跳跳、俏俏专门开车路过了一趟天安门，这是她们第一次看到天安门。我们给她们介绍说："跳跳、俏俏快看，这里就是天安门，这边就是人民大会堂，爸爸就是在这里演出的哟，爸爸好厉害对不对啊？我们给爸爸鼓掌。"两个小家伙一起乐呵呵地给爸爸鼓起了掌。杰哥开心地转过头对我说："娜娜，辛苦了，这次带着宝宝们一起来北京陪我工作，爱你。"我说："幸好我做了这个决定，这一个月太美妙啦。"

这算是我们全家第二次旅行，还没有结束，我们已经开始期待下一次旅行啦，嘻嘻。

宝贝们就这样，

在悠长的假期中，

一点一点长大了。

她们教会我的事

记住，冲动是魔鬼，好妈妈一定要学会控制情绪，不要轻易发脾气。

佛系一点

以前，我是最不能控制自己情绪的人，脾气跟鞭炮似的，一点就着，炸起来根本掐不断，必须发泄完，不然没办法收场。接受采访的时候，我说自己是一半天使、一半魔鬼，就是因为容易被坏情绪支配，可能做出一些失控的事。但有了宝宝以后，我发现自己改变了很多。

怀孕前，我跟一位专门研究积极心理学的姐姐商量好，准备写一本关于积极心理学的书，希望能通过这样一本书鼓励和帮助那些有抑郁症的人。

怀孕那会儿，我时间很充足，特意留了一部分时间写稿，经常拿着 iPad 吭哧吭哧敲字。但身体有时候舒服，有时候不舒服，断断续续写了好几个月。

差不多快写完的时候，iPad 的系统提示我可以升级，当时想着，升级的话机器反应更快，也方便我快点写完书稿。

但我脑子可能不清醒，升级前，系统提醒我确认 iPad 里有没有重要的资料需要备份，因为接下来要恢复出厂设置。我觉得没有，点了同意。但是，等我再开机时，才意识到快收尾的书稿也被清除了。

要是以前的我，肯定要疯了。

之前写《娜写年华》，也发生过类似的事。

当时要在书出版前做最后一遍梳理，我在电脑上修改了整本书，但没想到电脑突然宕机了，我做的批注、修改全部没有了，我怎么找都找不到，特别生气，气到崩溃。

当时还是秋天，我冲到浴室，打开热水器的冷水阀，用冷水冲自己。一个人大唱《青藏高原》，心里难受，好像只有这样才能发泄出来。我又不想砸东西，金牛座嘛，爱财，砸坏东西就太可惜了。

而这一次，我怀着宝宝，觉得照顾宝宝才是最重要的，一定要控制好情绪上的起伏。我只好大笑了几声，告诉自己：算了，就这样吧。之后，我也尽量不去回忆，让自己忘记这种容易让人情绪失控的事，但是暂时也没有勇气再从头开始了，慢慢地这件事就停在那里，像个伤疤一样让人不敢碰、不敢揭。

也许以后我有机会，会重写这本书吧。

忍住，忍住

还有一次，我开车准备带跳跳、俏俏出去玩，把她们抱到安全座椅上安顿好，关车门的时候，不小心夹到了手，夹得很重，手指马上就肿了。

我疼得想大喊大叫，但就在那一秒钟，我忍住了。第一，宝宝就在旁边，我不能发狂，否则一定会吓到她们。第二，我不能哭，宝宝不知道发生了什么，无法理解妈妈怎么突然哭了，可能也会受影响。我赶紧平复自己的情绪，但还是疼得直掉眼泪。

我偷偷用手擦了擦脸上的泪，借说话的工夫转移宝宝们的注意力，不想让她们发现我哭了。我怕自己的坏情绪影响到她们，因为我看育儿书上说，小孩子特别敏感，父母的情绪会直接影响到他们的情绪。所以，父母忍住情绪，对小孩子很重要啊。

NANA

Chapter 5

成为更好的自己

我的人生中出现了两条平行轨道，一条轨道是轻松温馨的家庭生活，另一条轨道是节奏紧张的职场世界。现在的我，正学习如何自如地切换轨道，成为一个更好的自己。

第一次离开

成为妈妈后，我的人生中出现了两条平行轨道，一条轨道是轻松温馨的家庭生活，另一条轨道是节奏紧张的职场世界。现在的我，正学习如何自如地切换轨道，成为一个更好的自己。

两条生活轨道，两种快乐能量

其实，当妈妈以后，我有一段时间特别特别焦虑，宝宝哪里有一点没照顾好或者出现其他疏忽，我都会着急得不得了。宝宝被蚊子咬了一个包，宝宝没有吃饱，宝宝没拉屁屁，这些事情都会让我焦虑，甚至觉都睡不着。一个很有经验的姐姐建议我调节一下自己的焦虑情绪，回归《快乐大本营》。这样一来，我可以时不时地换换轨道，见见朋友、同事，放松一下心情，焦虑可能就会好一些。我想了想，每半个月去长沙工作两天，好像也能接受，就下决心回去复工啦。

录制完复工后的第一期《快乐大本营》回到家的那个晚上，我还是明显感觉到了自己的变化，整个人平和放松了许多。

我换上拖鞋，轻手轻脚地去宝宝睡觉的房间。她们已经睡着了，我蹲在小床旁边看了一会儿，感觉身体内流淌着两股能量。

一种是工作给我的快乐能量。过去十几年，我一直活跃在《快乐大本营》的舞台上，它已经变成了我的一个家。很多观众每个周六守在电视机前等待着最新一期节目的播出，想到这点，我就得到了很多能量。

另一种是当了妈妈后，从责任、幸福中得到的新能量。我觉得人生又丰富、厚重了一些，增加了很多原本没有的体验。就像当时录完那期主题为"爱了很久的朋友"的《快乐大本营》，有人跟我说："谢娜还是谢娜，但当了妈妈以后，能量更大了。"我觉得这是因为宝宝们给了我一种崭新的视角，我好像更能理解别人的感受了，也更加珍惜每一次跟朋友们相聚的时间。

这种双轨道并行的方式对我来说更合适一些，当然，另一条轨道并不一定只是工作，它可以是跟朋友逛街、看电影、K歌、做瑜伽，最重要的是能切换到一种跟"做妈妈"完全不同的状态。其实也是为了让自己作为妈妈和孩子在一起时有更好的状态，这种切换对我来说，很有用。

生活不单单只是AB面

我喜欢给别人带去快乐，因为我也会因此变得快乐。

重新站在舞台上

回《快乐大本营》，对我来说就像回家一样。但重新站在舞台上，我还是会感到紧张。

跟《快乐大本营》的同事确认了回归的时间，乘飞机抵达长沙后，我心情有点复杂。这跟我之前一直在家，不怎么接触其他人有关。一想到在机场可能有粉丝或记者拍照，我就有点发怵。

下了飞机，我跟助理走出机场，刚出去，就吓了一跳，黑压压的一群人，还有摄像机。我出于本能立刻往后退了几步，躲到通道里。我平复了一会儿，给自己打气，咬咬牙走了出去。我知道大家都是来接我的，的确不应该躲着，但那一刻，想到要面对那么多人，我真的感觉很不适应。

我怀孕的这些日子已经习惯了安静，骤然面对人群，会不由自主地躲避。估计这事说出去大家都不会相信，像我这么爱热闹的人，居然会突然害怕见那么多人？

其实，我自己都有些诧异。

出了机场大厅，《快乐大本营》的工作人员琪哥来接我。我们认识十几年了，平时都是他负责接嘉宾。那天，他拿了一束鲜花等我，为了庆祝我复工。哎呀，其实那会儿我好怕这个场面啊。

我低着头跟粉丝们挥挥手，就赶紧躲进了车里，那个时刻我突然意识到，自己居然会这么不习惯。

或许这是在一个状态里待久了，再回到另一个状态时的正常反应吧。谁都需要适应，更何况发生了超出预期的状况，就更容易让人产生动摇和不安。

而到了台里，还有新的惊喜等着我，《快乐大本营》的工作人员在我去之前，就准备了一个小小的欢迎仪式。

我们"快乐家族"有一个固定的化妆间，里面有一张小桌子，有时候到了吃饭时间，几个人会围在那里，一边吃饭一边听导演讲台本。

那天，他们在化妆间里摆了一张桌子，铺着桌布，上面做作地放着牛排、点心。我一看到就说："这个没必要啊，哈哈……"化妆间里还写着"欢迎娜姐回归"几个字。

看到这个布置，我觉得特别温馨，那种回家的感觉更强烈了。每个人都在鼓掌、微笑，无比熟悉，无比温暖。

记得离开《快乐大本营》的时候，大家正忙着准备《快乐大本营》二十周年庆典的工作。很突然地得知自己怀孕后，我不得不请假休息。其间《快乐大本营》的导演们在制片人刘伟的带领下，带着土特产浩浩荡荡地坐飞机来上海看过我，好热闹。我们订了一间有很大的圆桌的餐厅，吃吃喝喝，嘻嘻哈哈。吃完一大帮人又到我家去玩，大家陪我聊了聊天，热闹热闹，又赶回长沙去准备新的一期《快乐大本营》。《快乐大本营》对于我们来说，就像家一样的存在，而我，离开一年多，再回家时已是两个孩子的妈妈啦，开启了全新的生活。世界上最温暖的事就是，有一个叫"快乐大本营"的家，无论我离开多久，它永远都是那么温暖和熟悉；有一群叫"快乐家族"的家人，永远都那么浮夸、那么搞笑。哈哈哈……

我快乐，所以你快乐

可能大家也怕我紧张，回归的那期节目邀请的嘉宾都是我的好

朋友，杨迪、丫丫、刘维、奚梦瑶、蔡少芬。

在上台之前，我还是特别忐忑。一年多没有主持节目，我不知道自己是不是变了一种状态。进入不同人生阶段所产生的那种改变，个人是无法控制的，我真的不确定自己在舞台上会有什么样的表现。

录制前，我在 T2 区侧门那里等着，小方过来采访我。他问我离开那么久，重回 T2 区什么感觉。我说，想亲吻这片土地。

像触电一样，那种熟悉的感觉一下子就回来了。自夸一下，我是即兴反应很强的主持人，擅长这种随机应变的回答，我觉得我反应没有变慢，我可以啊。

小方的提问也很随意，聊着聊着我就放松了很多。他还问我在家怎么带宝宝，我随口就哼起了"小鸡小鸡叽叽叽，小鸭小鸭呱呱呱，小猫小猫喵喵喵"，就跟在家的时候差不多。

我听到何老师在台上叫我的名字，就特别闪亮地登场啦。大门打开，我真的有种被放出来的感觉。看着"快乐家族"的家人、台下的观众，我一下子感觉到那种快乐的能量依然还在我身上，甚至比以前还要强。

我一下子放心了，我还是那个我，享受舞台、可以用快乐感染大家的我，这点不会因为当了妈妈而有任何改变，反而会因为成为妈妈而变得更强。我深深地感觉到，孩子给我带来了无穷的力量，让我可以从容地面对一切。感恩我的两个小天使，从今天开始，娜

（辣）妈妈闪亮复工啦！妈妈一定努力做到工作带娃两不误，来吧，念出我的通关咒语——菠萝菠萝蜜。嘻嘻嘻嘻。

从大家，回小家

录完节目，我没有像之前那样跟大家一起聚一聚再走，而是赶当晚最后一趟航班飞回上海，尽快回家陪宝宝。

之前，我们有一个坚持多年的传统，每次录完节目，都会跟嘉宾们一起吃个饭，大家在镜头之外聊聊天，其实会更放松也更亲近。但现在有了宝宝，我都会提早离开，这一点我特别感谢大家的理解。

回到家里，见到跳跳和俏俏，我觉得自己充满了在《快乐大本营》汲取的能量，不像之前那么焦虑了。所以，我觉得在那个时候选择复工是非常正确的决定。

我喜欢在家里照顾宝宝，也喜欢跟朋友一起主持节目。生活不是只有A面B面，人生的新阶段，我可能要学习如何分配两者的时间。

过去的我，是工作狂，也是工作上的完美主义者，希望把所有事情做好，自己拼命硬撑着。但现在，我是一个妈妈，需要照顾两个宝宝，不能太拼命，太忘我。

我希望我不仅仅是在生活层面上照顾好宝宝们，还要做好其他方面的事情，做好我的工作，让宝宝们为妈妈感到骄傲。

我还是那个我，

享受舞台、

可以用快乐感染大家的我。

妻子的浪漫旅行

旅行能让人跳出原来的环境审视自己，从而发现自己更多的优点和缺点。

看自己，看世界

《妻子的浪漫旅行》是我复工以后接的第一个新节目。为了做这个节目，我第一次和宝宝们分开了十天。原本因为时间的关系，我差点放弃做这个节目，但咬咬牙去了之后，发现它带给我很多特别的收获。我是团长，有时候需要面对和解决旅途中的一些琐事，需要负担起照顾大家的一些工作。要知道，我以前可是一到国外就发慌的人啊，所以刚开始我觉得我会搞砸，但没想到最后我却可以做好。当然，这也是因为每一季的团员们都很包容我。

我很喜欢这档节目，它让我有这样的机会去分享那么多对恩爱夫妻的甜蜜和爱，了解了更多夫妻相处之道，这是享受的过程，也是学习的过程。它也让我更深地了解到，无论是谁，背后都会遇到很多焦虑、困难的事情。

　　面对焦虑、困难的事情，我们不要放大问题，而应思考对策，想办法处理它。只要我们敢于面对，就总能找到解决的办法。

　　另外，《妻子的浪漫旅行》还让我可以跟宝宝分享各地见闻。每次到一个美好的地方，我就会拍视频传给杰哥，他会帮我放给跳跳、俏俏看，让她们通过妈妈的镜头了解世界。特别是每次遇到小动物，我一定会拍给她们看。比如去泰国旅行时，我看到一群可爱的狗狗，我跟它们玩，拍它们喝水，风吹得它们的毛一飘一飘的。看到一头大象，我给它喂食，边喂边说："看，大象的鼻子好长哦，它在碰妈妈的手。看，大象耳朵好大啊！"或者雨后看到一只好大的蜗牛在地上爬，我会蹲在那里拍很久，然后跟女儿说："你们看，蜗牛爬得真的很慢是不是？"杰哥说，她们每次看视频都会瞪着大眼睛，很认真地看，看完还想看。有时候我打视频电话给她们，她们会在电话另一端喊"妈妈，蜗牛""妈妈，大象""妈妈，大海"。我想现在让她们看视频先了解，等她们长大一点，再带她们一起来亲身感受。

　　旅行中除了风景，给我感受最深的是，无论如何，我们都需要

旅行。当一个人旅行多了，看到了不一样的风景、不一样的人，就会明白原来很多人并不是像自己想象的那样在生活。我们会变得更加包容、更加平和，也会理解每个人不同的生活方式。

这是《妻子的浪漫旅行》给我带来的收获。这个节目我一做就是三季，接下来期待我们更多的旅行吧！

去了不一样的地方，看到了不一样的风景、不一样的人，

就会明白许多，也会变得更加平和。

找回马甲线

关于身材恢复和坚持运动，最重要的是去做。相信我，时间可以给你一个最满意的结果。

立下 FLAG

我记得，住进产房那天我的体重是 150 多斤，算是挺重的了。但因为我是看着自己的肚子一点一点长大的，所以并没有觉得很大。有一次，我穿着一件刚好能遮住腹部的斗篷款式的大衣，认真地问同事，是不是看不出来我已经怀孕好几个月了。他们互相看了一下，问："说实话吗？"我说"当然"。他们说："妈呀，太大了！"

等生完宝宝，我的体重降到了 120 多斤。后来，体重一点点往下掉，降到 115 斤的时候就停了，很难再减了。我也觉得很奇怪，怎么体重就不变了呢？我心里想着，差不多得了，减不下来也情有可原，我是双胞胎妈妈嘛，其实我是给自己的懒惰找借口。

回去录《快乐大本营》的时候，我以为我恢复得很好，结果播出的时候，屏幕上整个人看起来圆乎乎的。我看到有观众在弹幕里评论，说这才是普通人产后的正常状态吧，不像有的女明星，出院当天感觉就像没生过孩子一样。

我不觉得这是夸奖，因为我希望我是"有的女明星"，因为我自己在家的时候我真的以为我是"有的女明星"，完全看不出自己的身材有任何变化。等我回来复工一上镜，救命啊，怎么脸、腿都是肿的啊？！可是我知道，有的女明星生完孩子以后真的完全看不出来胖和肿的啊。

去参加《妻子的浪漫旅行》时，刚好是夏天，我带了很多裙子，但发现自己穿什么都有点紧绷。有一天早上我们准备出门，我穿了一件粉色连衣裙出来，大勋直接开玩笑说："师父，你该减肥了。"我赶紧回去换了一件深色一点显瘦一点的裙子。还有路透的照片出去，网上写的标题是：《惊，谢娜产后发胖惊现麒麟臂！》。什么鬼什么鬼！我嘴上说着无所谓，但心里想着回去一定要好好减肥。

很多妈妈都有这个困扰，孕期肚子大，生完宝宝后要想恢复身材就很难，我现在也遇到了这个问题。如果我真的能早点恢复身材，

可能很多看着我的节目、已经成了妈妈的观众，能受到一点点激励吧。但是，如果我也坚持不下去，她们可能就会觉得，你看，妈妈们想瘦下来就是特别难。谢娜都放弃了，我也放弃算了。所以，我真得下决心，"管住嘴，迈开腿"，用健康的方式瘦下来。

可是我真的不确定我能不能做到，于是，我想出一个办法，让大家都来监督我。我立马发了一条微博，立了一个 FLAG，跟大家说我要三个月练出马甲线，如果没有练出来，我会直播说自己是一个说话不算话的大话精，借此来鞭策自己快点瘦下去。

发完之后，大家都觉得我在开玩笑。我也有点后悔，不知道自己能不能在限定时间内练出来。前一个半月，我还不紧不慢的，只不过经常在评论区看到网友问：怎么样啦，有没有练出马甲线啊？

后来，真正激励到我的是跳跳、俏俏。她们一点一点长大，从躺在床上到慢慢学会抬头，再到后来学习怎么爬。我常常在旁边喊：跳跳加油，俏俏加油。她们好努力地突破自己，学习每一样技能，我一直让她们加油，怎么自己不加油呢？

而且，我特别不希望将来女儿们长大了，看我的直播，发现妈妈曾经对着镜头说："对不起，我是个大话精。"

没有宝宝之前，我可能觉得这么做无所谓，可以当成一个玩笑。但有了宝宝后，我更希望自己能成为一个说到做到的妈妈。最好的教育是身体力行，我想自己至少应该试一试。

还剩一个多月的时候，我行动起来，制订健身计划。但我只能抽宝宝午睡的时间锻炼，其他基本没有什么整块的空闲时间。

那时候，我内脏还没有完全归位，不能做像跑步这样的剧烈运动，我就从慢走、竞走这样的简单运动开始。当时，回去录《快乐大本营》，涉及奔跑类的游戏，我也会相对注意。毕竟内脏还没有归位是很重要的事，不能任凭自己跳啊、跑啊。

我那时每天沿着黄浦江边走，走很远，出很多汗。隔一天上一次瑜伽课程，不仅能锻炼身体，也有助于孕妇产后盆骨修复。我还打拳击，每天睡前做仰卧起坐等。

锻炼是一件很枯燥的事，真的没有捷径可走，你锻炼多久，锻炼几次，都会反映到你的身体上。但是，只要按照专业人士的建议，有毅力，坚持下去，真的能看到让自己惊喜的效果。

我可以，你也可以

练着练着，我又有了一个新动力。有时候带跳跳和俏俏出门玩，一个宝宝要我抱，另一个也会跑过来，我要同时抱两个。一旦抱不稳，大人小孩都会摔跤，有可能受伤。

没生孩子之前，我也跟着杰哥一起健身，但不会做力量型的练习，怕长肌肉。但现在我会举铁，会尝试更有力量的锻炼，因为跳跳、

俏俏一天一天长大，我希望再多一些时间能抱得动她们。

练了一段时间，临近期限了，我问几个朋友要不要帮我拍一个短片，给大家看看，我练出马甲线了。但他们都当我开玩笑，没怎么理我。不相信我，好吧。我心里憋着一股劲儿，继续好好练。必须成功！

等到公布当天，我还想着大家会不会忘掉今天要看我秀马甲线了，但是没想到啊没想到，那天一早大家就乐呵呵地在微博上留言，说坐等娜姐直播。是啊，之前我说过如果我练不出马甲线就直播道歉，说我是大话精。所以大家乐呵呵地等待我的直播盛宴。哼哼，高兴得太早了吧，哈哈。下午，我在健身房脱了外套，自己对着镜子拍了一张照片发到了微博上。

那条微博很快就冲到热搜第一，我的朋友、同事们看到以后惊呆了，都发来信息说："我们都以为你只是说说而已，没想到你是认真的。你也太强了吧，藏得够深啊！什么时候练出来的啊？"我说就是洒下一滴滴汗水，一点一点练出来的啊，主要是平时录节目，我穿得比较宽松，大家可能看不出来，还有我喜欢突然给大家制造惊喜，吓吓你们啦。我的粉丝都给我留言，前几排都是"啊啊啊……""哇哇哇……""呀呀呀……"这种感叹词。我看着好过瘾，感觉好好笑啊。还有很多粉丝说，他们也要像我这样有毅力、有恒心去做好一件事。

　　当时很多专业健身机构都在转发我的这条微博，都说没想到谢娜当了双胞胎妈妈以后，也能这么快瘦出马甲线，真的很强很有毅力，号召大家一起健身起来。但我最开心的是，很多生了宝宝的妈妈给我留言，记得有一条留言说："你给了我激励。虽然不一定也要练出马甲线，但我知道了，哪怕是两个宝宝的妈妈，也可以恢复到这个程度。所以，我也要加入锻炼的队伍，为自己，也为孩子。谢谢你。"

　　那种感觉真的特别好。我突然感觉这好像不仅是自己经过努力实现承诺，同时也会给很多朋友带来向上的力量。后来我还请摄影师朋友帮我录了一段健身的视频，放在《妻子的浪漫旅行》的结尾，算是一个小彩蛋。点击率好高啊。是的，搞笑的娜姐这次是认真的，哈哈……

　　不管怎么说，FLAG 没倒真的太好了。这件事情也让我知道，不要轻易说不可能，妈妈们要相信自己，从尝试慢走、竞走开始，先让自己的身体适应锻炼，再一点点增加强度，同时还要记得锻炼要适量，身体健康最重要。

　　找回马甲线可能是一个美好的结果，但我更开心的是自己状态更好啦，不仅又可以穿好多好看的衣服录节目，还给了很多妈妈信心。

　　是啊，我可以，你也可以！

不要轻易对自己说不可能，

要相信，

我可以，你也可以！

NANA

娜些时光

和你们在一起的每一天，都是我生命中最美好的时光。我把这些很有仪式感地记录下来，将来再阅读的时候，也依然能记起当时的心情。这些微不足道的文字积累起来，就是一份最好的礼物。

他们的小时光

1

我的天哪！我做什么动作，跳跳、俏俏就做什么动作，模仿能力也太强了吧！哈哈哈哈。我边唱边示范说假如幸福的话拍拍手，她们看着我拍拍手，她们也拍拍手，我跺跺脚，她们也跺跺脚。我好惊喜，开始做各种动作，挥手、蝴蝶飞、摇头，她们都跟着我做。怎么办怎么办？我在模仿的道路上遇到了劲敌！

2

想起杰哥在家教她们唱歌的情景，杰哥：啊……（高低起伏），跳跳、俏俏：啊……（像模像样地高低起伏）好棒，今天的音乐课就上到这里，下课。

3

在跳跳、俏俏更喜欢谁大赛中，我输得心不服口不服。我使尽全身的表演功力，活灵活现地模仿了小猫、小狗、小猪、小羊、小青蛙、小兔子等，她们都很开心地看着我。而杰哥只是坐在那里，轻松地一打鼓，她们就一起迅速而欢快地爬了过去，还要争着敲鼓。看着他们热闹的角落，我坐在原地，感觉一束孤独的追光打在我的身上，耳边响起一段二胡的音乐……

4

最近跳跳、俏俏突然很喜欢看我边跳边唱《菠萝菠萝蜜》，唱几遍再换各种儿歌唱跳，她们看得好开心好捧场。我自豪地对杰哥说："我感觉在她们心里，我比你会唱歌。"杰哥淡淡地说："有一天她们会知道真相的。"

5

我开心地给跳跳、俏俏念英文小故事，我念一个单词，杰哥纠正一个单词，就像一个自动复读机但是复读得又不一样……后来他就不纠正我了，在旁边一边偷笑一边偷拍，我用眼角的余光都看到了！还好我有强大的自信支撑我继续念英文小故事。

<h2 style="text-align:center">6</h2>

杰哥感觉到我很得意，因为女儿们很喜欢我做的玩偶，还说一定要和我一起做两个。于是他负责剪裁，我负责缝线，用一天的时间，做好了两个——字母。晚上给跳跳、俏俏，她们好开心。我感觉杰哥也很得意。

<h2 style="text-align:center">7</h2>

杰哥给我发来微信，兴奋地说："跳跳、俏俏做了蛋糕！"我正准备回复说："我的天哪，留着我回来吃！"他接着激动地说："本来只是想尝一下，结果一下子吃光了，太好吃啦，从来没吃过这么好吃的东西！"（我记得之前送他我自己做的巧克力蛋糕他也是这么说的。唉！只能说张杰不善言辞，跳跳、俏俏懂。）

8

　　跳跳早上先醒，俏俏还在睡，跳跳趴在小床边对还在熟睡的俏俏说："妹妹起床了，我好孤独啊——"

娜娜的日记

　　这一章节是我的怀孕日记，是我在孕期有一搭没一搭写的，记录的是每一天的流水账、一些想跟肚子里的宝宝们讲的话，还有体重的变化。我从没那么关注自己每一天的体重，因为那时我和她们的体重是合在一起的，我体重长了，两个小家伙的体重就长了。宝宝们越长越大，我的肚子就越来越大。

　　还好有我孕期的御用帅气摄影师杰哥，为我拍照记录宝宝们在我肚子里慢慢长大的过程。每次拍孕照的时候，都是我们独享的欢乐时光，每次我都会跟肚子里的跳跳、俏俏说："乖，爸爸又要给我们拍合照啦，记得要笑哦。"回头看看那些孕照，真的叹为观止，每看一张照片，就会想起拍照那天欢乐温暖的情景。跳跳、俏俏呀，你们在妈妈的肚肚里就是这样长大的。

1

　　十二周的时候去做 B 超，医生说有十三周了，那么今天就整十四周了。肚子很胀很胀，不停上厕所，不能一觉睡到天亮。爸爸在的时候睡得比较好，体重 57.4 公斤，比在长沙时长了近两斤，可能是因为第一次闲下来。真的觉得好闲，掐指等着爸爸回来带我去玩。加油妈妈。

2

昨晚十一点半睡的，凌晨一点多就醒了。晚上一直觉得好渴，想喝水，可是又怕水喝多了，会一直上厕所，这样更睡不好。晚上睡觉来回翻身，总觉得会影响到宝宝们睡觉，自责。宝宝啊，妈妈翻身动作尽量小一点哈。现在好像很难睡一个整觉。妈妈很爱你们。

妈妈好想爸爸呀，这次爸爸是 21 号出去的，31 号晚上才会回来。还有两天啦。有爸爸在，妈妈睡得安心得多。现在晚上醒来旁边没有人，总是有些慌乱，我想是因为觉得日子还有好长的关系吧。听说下次检查得等到八周以后了，得好好安排一下，让你们也觉得有新鲜感。妈妈很爱你们。

3

昨晚九点半左右就睡了，看了一部电影《乱世佳人》，晚上没有喝太多水，怕起夜，一觉睡到六点多，算是好好睡了一觉。虽然没有睡到医生说的十个小时，但是已经感觉很幸福啦。早上漱口的时候还是会呕吐，但是精神明显好很多了。

今天十点，妈妈的爸爸妈妈，你们的阿公阿婆要回老家一趟，他们在这里陪了妈妈一段时间，这段时间天气很热，妈妈孕吐又很厉害，哪里也不能去，他们就天天在家陪着我，其实很无聊的，妈妈心里明白。这些年他们就是这样，只要妈妈需要，他们二话不说地来陪我照顾我，说谢谢总觉得一家人太见外，但是心里好感恩他们的付出。今天早上和阿婆在门口走了一圈，天气凉快多了，也敢出去走走了，前几天热得都不敢开窗。

明天爸爸就要回家了，不过到家会很晚很晚，妈妈为了你们的生长不能熬夜，会先睡，现在你们为大对不对？

体重，晚饭后 57.8 公斤。医生说血液检查结果很好，宝宝健康，妈妈加油。

4

今天凌晨爸爸回来了，他悄悄的，悄悄的，用手机开了一点点灯，但妈妈还是醒了，开心得不得了。昨晚睡得也特别好，十点睡的，今早六点醒的，我们吃了丰富的早餐。今天第一次用了胎心仪，哇哇哇，听到你们两个小家伙的心跳啦，好兴奋！我好喜欢这个胎心仪，随时可以听你们的心跳啦，真的好神奇啊！

爸爸给妈妈拍了照片，小肚肚有些明显啦，希望你们快快健康长大，爱你们，哈哈哈。

5

今天是爸爸回来的第二天，我们吃了火锅哟，好开心！有了你们以后，这应该是第一次吃火锅，一点也不辣，食材也好，妈妈吃了很多，只是可惜最后晚上睡觉前吐了很多，希望那些营养你们已经快快地吸收啦。

告诉你们一个好消息啊，今天医生说我的血液各项指标都很好。还有一个好消息哦，因为各方面指标都很好，好像可以不用做羊水穿刺啦。这个检查一直是我好怕的项目，听到这个消息，妈妈真是开心到飞起。妈妈下午躺在爸爸身边睡了一觉，睡得好好啊，你们也很幸福是不是？对啦，我们又用胎心仪听到你们的心跳啦，健康宝贝加油哇！

爸爸今晚又吃小龙虾啦，妈妈好想吃，但是为了你们忍住啦。晚上九点称体重，58 公斤，哇，又重啦！

6

这几天时间过得好快啊，因为爸爸陪着的关系吧。我们那天打了一次台球，妈妈怕肚肚弯下去会挤到你们，就没打。昨天，我们在沙滩上乘凉，风吹过来好舒服啊。凉快了几天，今天又有一点热啦，一热就不敢出去啦，觉得透不过来气。哎呀，这三天吃了两顿火锅，好爽啊，真的好好吃，虽然不辣，但也不能老吃。马上要吃午餐啦，妈妈找些营养的给你们吃哟，希望妈妈今天不要吐或者少吐一点。今天体重，上午 57.8 公斤。

7

昨晚睡得还行。蹬蹬、逗逗，妈妈这两天打游戏了，其实医生不太希望我打游戏，但我想偶尔打打游戏你们也会长得活泼有趣吧，嘻嘻。昨晚十点二十分睡觉，晚上醒了两次上洗手间，因为你们妈妈尿频哇。昨晚没有看书就直接睡着啦，早上七点五十分左右醒的。妈妈也想睡到十一点，但又怕饿着你们，所以早上醒了就起来吃早餐啦。上午吃完饭，可能妈妈动作有点大，突然有些晕，马上躺到床上，爸爸陪着妈妈。下午五点半，终于下雨啦，凉快多了，好开心。妈妈有了你们两个以后就好怕热，以前最喜欢夏天的，现在好想快点冷起来哇。今天体重 57.9 公斤。

8

哎呀，这两天没有记录，因为妈妈到城里朋友这里来玩啦。那天妈妈和爸爸坐在车上的时候，妈妈感觉逗逗突然动了，像小鱼儿游的感觉。我赶紧跟爸爸说，爸爸手一摸过来，又不动了。是幻觉吗？也不像啊，好奇妙啊！蹬蹬、逗逗，妈妈期待着你们动起来啊。这几天用胎心仪测量，蹬蹬没有逗逗心跳快，不过都比妈妈的心跳快，医生说很正常。

从孕吐开始，妈妈第一次去逛了街，吃了烤肉，结果晚上回来吐了，吐完怕你们饿着，又努力喝了奶。第二天早上吃完早餐又吐了。我的妈呀，妈妈好担心你们营养不够啊，所以中午和燕燕阿姨去餐厅吃了好吃的。其实妈妈没有什么胃口，为了你们硬吃了点，晚饭吃了烧鹅、河粉、青菜、燕窝，忍住没有吐，妈妈赚到啦，今天营养应该是够啦，昨晚十一点半睡觉，今早五点多醒了一次，折腾了一个小时，看看书，又睡了一觉，睡到九点半，很不错哟。希望妈妈可以一觉睡到十点，那就厉害啦。

今天体重达到 58 公斤啦。

9

妈妈这几天有点懒哦，可能是因为到城里了，觉得有好多看的玩的，不像在郊区那边，每天按时写日记。你们别介意啊，妈妈随时都想着你们的哟。明天带你们去杭州玩玩，要坐两个小时车，妈妈尽量躺着哈，不让你们觉得累、觉得辛苦。妈妈想带你们去看看杭州，因为妈妈爸爸是在杭州西湖定情的哟。下午四点体重 58.8公斤。

10

哎呀，妈妈又懒了，这几天没有写日记。因为这几天跟爸爸去杭州玩啦。我们坐了三个小时的车到杭州，虽然很累，但和在美国上学时爸爸的同学相聚啦，他们在美国就很照顾我们，在杭州也一样，陪妈妈逛街，对妈妈很好，我们还吃了一些好吃的。妈妈现在吃东西都会想着你们应该吃点什么，而不是妈妈爱吃什么，所以我觉得我会是一个好妈妈，蹬蹬、逗逗放心哟。昨天下午还坐了船，妈妈坐不住，就躺在船上了，哈哈。

晚上又和爸爸去湖边散步啦，回来后让爸爸听你们的心跳，逗逗一下子就被我们找到了，蹬蹬找了半天，把妈妈急得。结果爸爸找到了，蹬蹬在下面一点。逗逗心跳快一点，蹬蹬慢一点，都很健康哟。今日体重，哇，59.8 公斤啦。

11

嗨，蹬蹬、逗逗，昨天妈妈跟爸爸从杭州坐两个半小时车到了苏州，爸爸来这里工作，妈妈过来玩。虽然住的不同的酒店，但只要在一个城市妈妈就很安心啊。妈妈住的地方，从阳台就可以看到湖哦，很美。

有了你们以后，妈妈都要住有阳台的房间，因为可以呼吸新鲜空气，这样你们也很开心，对不对？哈哈。今天妈妈去逛了街，去诚品书店买了几本书，打算这两天无聊的时候可以看看。爸爸今晚和明晚住另一个酒店，因为工作回来会很晚啦，怕打扰到你们休息哟。现在妈妈在阳台上吹着风，想到会频繁地感觉到你们胎动，就好期待啊。

今天体重，晚饭前是 59.8 公斤。

12

今天是在苏州的第三天，昨晚爸爸录节目，妈妈自己在这边早睡早起，十点就上床，十点半就入睡啦，今天早上六点多醒了，吃了点点心，到阳台上呼吸了一下新鲜空气，看了下电视剧，又睡了一个多小时，然后被逗逗的胎动惊醒啦。逗逗好调皮啊，好像小鱼在游的感觉，我还跟逗逗说话，也鼓励蹬蹬动起来。我问了医生，他说其实都在动，只是我先感觉到一边而已，另一边也许羊水多一点，再过段时间才会有感觉。这样妈妈就放心啦。

下午妈妈去逛了街，买了一些月饼，带回来，要过中秋节了。妈妈算了一下，这个中秋节妈妈要自己在上海过。啊，不对，是和我的两个宝贝一起过，妈妈一点都不孤单。妈妈爱你们，健康的两个小宝贝。耶，明天爸爸和妈妈就一起回上海喽。晚饭后，睡觉前，体重是 60.5 公斤。

13

今天凌晨一点半，妈妈醒了，妈妈兴奋得睡不着觉，和爸爸聊天聊到三点多。早上六点多又醒了，点了早餐，和爸爸打了一把游戏。说是打游戏，其实妈妈就是跟在爸爸屁股后面跑。吃完中午饭，爸爸妈妈两点就启程回上海啦。到上海时快五点了，我们点了烤鸭吃了一点。妈妈好困啊，爸爸去锻炼了，现在妈妈在床上躺着，就想睡觉。

今天中午爸爸用胎心仪给你们测心跳啦，跳得很好哦，蹬蹬、逗逗可爱极了，健康极了，爸爸妈妈会好好爱你们的。很快就要告诉大家妈妈怀孕的好消息啦，嘻嘻，爱你们，谢谢你们选择我们做你们的爸爸妈妈，我们会把所有的爱给你们的，让你们快乐幸福。对啦，爸爸今天抱起妈妈说，真的重好多啦，我说你抱了三个人呢，哈哈……

<h1 style="text-align:center">14</h1>

宝贝们，今天真是很有趣的一天，妈妈凌晨三点醒了一次，凌晨四点又醒了一次，觉得房间有点闷。这时爸爸也醒了，就陪妈妈去楼下呼吸新鲜空气。注意是凌晨五点左右哟，哇，空气真的好好，我们在下面走了十分钟，心情好好，然后上来。过了一会儿，又睡过去啦，一下睡到九点多，好幸福啊。妈妈好感谢爸爸的耐心，无论多晚妈妈起来上洗手间，爸爸都会给妈妈留灯，妈妈遇到爸爸好幸福啊，真的，你们有这么好的一个爸爸，也好幸福啊。

今天妈妈的表弟来上海，下午我们去江边转了转，然后去他的酒店点了小龙虾，当然妈妈不能吃，爸爸他们吃得好香啊，妈妈点了一份儿童套餐，是替你们吃的。现在妈妈的孕吐渐渐没有那么厉害啦，你们要多多吸收营养哟。爱你们，现在妈妈要睡觉啦，晚安啦！

15

蹬蹬、逗逗，懒妈妈又有三天没写日记啦。有好消息哟，我们租了房子哟，马上就要搬进去啦。现在妈妈又陪爸爸到苏州啦，爸爸录节目，妈妈玩。今天苏州下了很大的雨，昨晚打雷没有吓到你们吧。爸爸现在在外面练歌，妈妈就在这里写日记，昨晚称体重，60.5 公斤，今晚体重是 59.6 公斤，还好稳步增长，宝贝们，你们健康成长哟，爱你们。

16

蹬蹬、逗逗，你们知道吗，今天爸爸妈妈向全世界宣布怀孕的好消息啦，接收到了好多好多祝福，他们都好爱好爱你们，也为我们开心。你们还没出生就有这么多的爱啦，你们好幸福对不对？因为今天要发这个消息，妈妈昨晚兴奋得睡不着觉，一晚上都没有睡着，又失眠啦。

妈妈好爱你们，好爱爸爸，我们是幸福的一家人，明天就要回上海搬新家啦，妈妈的首要任务是好好休息、好好吃东西，养好你们是最重要的。

晚饭前，体重是 60.2 公斤。

17

哎呀，爸爸出发去国外开世界巡回演唱会啦。妈妈多想去啊，但是为了你们的安全，妈妈暂时去不了。没关系，以后妈妈带你们一起去看爸爸的演唱会，爸爸唱歌真的好好听啊，你们知道吗，妈妈第一次见到爸爸，就被他的歌声迷住了，嘻嘻。接下来妈妈要好好安排这九天的漫长时间，休息好，吃好，把你们养好，好好爱你们。对啦，我们已经搬进了新家，妈妈好兴奋啊。我们有自己的家啦，你们两个的房间都准备好了哟，你们一出生就好幸福啊。

妈妈最喜欢的是阳台，可以坐在阳台上和你们一起呼吸新鲜空气、晒太阳，妈妈还上网买了一张可以斜躺着的沙发放在阳台上，在这里坐一天也不无聊哟，妈妈好开心。期待你们的到来，你们好好的，妈妈每天都和你们在一起。

今天的体重是 60.8 公斤。

18

昨天是妈妈在新家度过的第一天，心情好美。新家布置得好漂亮，妈妈昨天一整天就是收拾收拾衣柜啥的，钢琴也到了，虽然只会几首，但都会弹给你们听的哟。现在妈妈在阳台上，上海的夜景好美啊，妈妈好想和你们一起看夜景啊，不过妈妈可以先形容给你们听听哈。昨晚妈妈去江边走了走，江边好热闹啊，还有很多孕妇也在散步。我们都一样，所以没有人注意到妈妈，很低调哇，哈哈。

妈妈心情真的很好，妈妈会好好享受和你们相处的这些特别的日子。

今天的体重是 60.5 公斤。

19

蹬蹬、逗逗，昨天下午爸爸回来啦，妈妈好开心。我们一起喝了妈妈熬了四个小时的牛骨汤，爸爸说这是他喝过最好喝的汤。爸爸嘴好甜，但是我相信哇。我们坐在阳台上吃晚餐，爸爸这次国外巡演好成功，妈妈一直就是为他自豪的，以后你们也会为爸爸自豪的，当然我们也为你们自豪。昨天还是醒了一两次，爸爸陪着妈妈一起。早上爸爸因为时差六点就醒了，然后去给妈妈做了早餐。妈妈七点半醒的，去厨房看到早餐，感觉好幸福啊。早餐摆得很有爱，爸爸好可爱啊，哈哈。

你们以后的另一半也一定会特别爱你们。哎呀，扯好远啊。今天你们的婆婆爷爷来看你们啦，他们很期待你们的到来，给妈妈做了好吃的东西，妈妈为你们多吃点哈，你们好好生长。大家都爱你们哟。

晚上体重 62 公斤。

20

哈哈，蹬蹬、逗逗，时间过得好快好快啊，转眼就到中秋节啦。这几天我没事就在阳台上待着，这里的空气好好啊。今天是中秋节，妈妈在阳台上看月亮，一边吃月饼一边和爸爸视频。妈妈坐着那张可以斜躺的沙发，好舒服啊。这张沙发适合妈妈坐，主要是不会挤到你们。

知道妈妈多爱你们吗？因为你们而早睡；只吃适合你们吸收的营养食物，不吃自己喜欢吃但不适合你们的食物；怕你们闷着，每天呼吸新鲜空气；保持好的心情，每天想到你们就开心；暂停工作，怕累着影响你们。一切的一切都是因为我爱你们。你们要健康成长，爸爸妈妈会让你们成为最幸福的宝贝。谢谢你们陪妈妈过中秋节，我们一起想爸爸哟。

21

昨晚十点多睡的，今天早上四点多就醒啦，可能是你们饿了。

妈妈自己去煮了牛奶，吃了点饼干，又打开电视看了一个小时左右，又睡啦，睡到七点醒，突然发觉今天过得好慢啊。早饭吃了两个鸡蛋、面包，喝了孕妇牛奶。宝贝啊，妈妈现在都 120 多斤啦，史上最重的时候，不对，之后还会更重，哈哈。

妈妈这两天感觉到你们在动哟，不过不明显。前天晚上梦到你们其中一个用手把妈妈肚子撑起来，哎呀，都看得到哟，好可爱，妈妈还跟你们击掌呢。对啦，很快就要去体检啦，可以看看你们的样子啦，你们长得比较像我还是像爸爸？哈哈，好激动啊！你们是小女孩还是小男孩啊？都可以啦，反正都是妈妈最爱的宝贝。倒计时。我们还有几天就可以看到你们咯，爱你们！

22

今天早上吃了早饭，就和爸爸一起在阳台上学习做蛋糕，基本上都是爸爸在做哟。本来是妈妈想学习做蛋糕，因为平常没什么事，但是半天也没搞明白称面粉的秤，爸爸一下子就搞明白了，然后就变成爸爸做蛋糕，妈妈打下手。阳台上阳光很好，可以给你们补补钙。我们在阳台上认识工具，称面粉和糖，制作，然后拿进去烤，原本四十分钟，因为吃饭耽误了，烤了六十分钟，表面有点焦，但是没想到真的好好吃，爸爸好厉害啊！我们都抢着吃，还跟爸爸预定了，明天还要做，除了蛋糕还要做饼干。喜欢上爸爸做的蛋糕啦，我说肯定是肚肚里的宝宝爱吃，爸爸开玩笑地说："哎呀，又高兴又担心，以后除了工作还要兼职做面包师，哈哈。"今天买的量腹围的软尺到了。

今天腹围94厘米，体重61.5公斤。

23

蹬蹬、逗逗，昨天我和爸爸一起打游戏，你们在肚子里咕噜咕噜动得好厉害，是不是以为妈妈很紧张啊？好啦，以后妈妈都不打啦，怕你们不知道其实是在玩游戏，会替妈妈紧张和担心，爱你们哇！爸爸也摸到你们在动啦，晚上我们到爸爸的朋友家去玩了，车程三十多分钟，妈妈中途停下来上了三趟洗手间。哎呀，现在出趟门真的太不方便啦。他们家里有一对双胞胎，还有一个小男孩，好可爱，家里好热闹。妈妈好期待以后你们像他们那样，和爸爸妈妈一起吃饭、一起玩啊。爸爸会给你们唱歌，妈妈会陪你们玩游戏哦。昨晚一下子聊到十一点多，赶紧往家赶，十二点左右上床睡觉啦，一觉睡到七点，完全没有起床上厕所，看来妈妈适合累一点，哈哈。爱你们啊！蹬蹬、逗逗，明天就去检查啦，爸爸说你们一定很棒，妈妈也是这样觉得的，因为你们得到了好多爱，好多人爱你们哟！

24

蹬蹬、逗逗，妈妈又有好几天没有写日记啦，你们一定觉得妈妈很懒吧。今天妈妈爸爸去医院检查了，又和你们见面啦！你们长得好好，医生说妈妈吃的东西都长你们身上啦，妈妈好开心。妈妈特别特别爱你们两个小宝贝。对啦，爸爸每天给妈妈量腹围，每天都在长哟，现在快 97 厘米啦，体重也达到 63 公斤啦，哈哈。继续加油长，妈妈所有的指标都很好，可以使劲吃。

25

蹬蹬、逗逗，妈妈好久没有写日记啦，这几天你们的变化很大，特别是蹬蹬，之前逗逗动得比较明显，这两天蹬蹬好厉害啊，特别是有一天晚上，突然动静很大，把妈妈吓一跳，当意识到是蹬蹬在动的时候，妈妈马上抓起熟睡中爸爸的手让他也感受一下。爸爸好搞笑，明明正在熟睡，硬是被妈妈弄醒了，哈哈。爸爸迷迷糊糊的，但是很高兴，他还梦到自己把你们都拍摄下来啦。爸爸就是这么可爱。

今天是重阳节，妈妈的爸爸妈妈去登高了，他们给妈妈发来视频，很挂念你们哟。你们要继续好好成长，大家都在等待你们的出生。

妈妈一直觉得每天都不可思议，看着肚子越来越大，又惊喜又期待。过两天妈妈去看你们哟，我的两个小宝贝。

今天的体重是 63.5 公斤，腹围有 98 厘米。

26

蹬蹬、逗逗，昨天晚上爸爸陪我们一起去做检查啦，这次检查很重要，所以检查得很仔细哟。我们看到了你们的小手手、小脚脚、心脏、嘴巴、小脑袋，最重要的是看到了你们的小脸哟。你们两个宝贝一个倒立一个正着，妈妈很想让你们转个身。爸爸给你们放音乐，妈妈还跳了藏族舞，结果你们都没有转，最后就拍到了蹬蹬的脸脸，逗逗的脸脸没有拍清楚哦。检查的医生很有耐心，爸爸也很可爱，怕妈妈躺着看不到觉得无聊，就拍显示屏的细节给妈妈看。我看到了你们的小手、小脚、小肋骨，最搞笑的是，不知是你们哪个小家伙的小手手比了个"V"，怎么这么可爱啊，把大家都逗笑啦。整个检查过程好像有一个小时，说实话，因为床好硬，妈妈的腰好酸好痛，但是看到你们这么健康，妈妈好开心、好感恩啊。妈妈要做更多的好事，嘻嘻。

最重要的是要每天开心，吃很多对你们好的东西，为你们好。妈妈爱你们，今天是二十三周的第四天啦，还有十几周就可以跟你们见面啦，很快很快啦。谢谢你们选择了爸爸妈妈，也更要感谢对我们、对你们好的人，妈妈都记得哈。

今天妈妈净重 64.5 公斤。

27

蹬蹬、逗逗你们这两天胎动很明显哦，之前像小鱼咕噜咕噜，现在能够很明显感觉到你们在翻身哦，你们翻身的时候好可爱，妈妈觉得好神奇啊，妈妈的肚子里怎么会有两个小人儿在动啊，一开始是很突然、很惊奇，接着就是很期待、很享受，你们尽管动，妈妈好喜欢，后天爸爸就回来啦，你们要动给爸爸看哟。你们喜欢吃什么就告诉妈妈，妈妈就去吃，因为现在怀了你们，你们喜欢的东西妈妈才吃，你们不喜欢的、对你们不好的东西，妈妈再喜欢都不会去吃，妈妈为你们改变很多哇。

但是妈妈真的很享受怀你们的感觉，虽然有很多变化，也没有整觉睡，但是只要你们和我互动，我就好幸福。你们好好成长哦，爸爸妈妈很感谢你们的到来，后天去检查我们又可以看到你们啦，好爱你们哟。

今天体重 64 公斤，腹围 100 厘米。

28

蹬蹬、逗逗，现在已经是 11 月中旬了，距离你们出生的日子越来越近了，妈妈这段时间感到睡眠不是那么顺畅啦，可能因为你们两个越来越大，现在上面顶到了妈妈的胃，下面压到了妈妈的膀胱，所以妈妈吃一点东西就饱，每过十几二十分钟就想尿尿。你们两个小东西在肚子里折腾得越来越明显了，尤其是晚上，特别明显，你们俩以后不会是个夜猫子吧。不过没事，怎么都可以，妈妈陪你们。妈妈每天都很期待你们动起来，有时候白天你们会突然翻个身，只要你们一动，妈妈就会拍拍肚肚跟你们说"妈妈在妈妈在"。妈妈觉得真的很幸福，那天去医院，狄医生说妈妈每天不要走太久，每次十几分钟就足够了，还需要补钙，总之对你们好的妈妈都会听从，妈妈唯一怕的是自己睡不好影响你们休息，但是白天妈妈会补回来的哈。

乖宝宝，知道你们健康成长，妈妈就开心。对啦，从明后天开始，妈妈就要学习给你们做小玩具啦，不知道能不能做好，总之是妈妈的一片心，你们出来可不要嫌弃哟。今天妈妈还完成了给爸爸织的围脖，暖暖的。爸爸是妈妈的偶像，今天爸爸的演讲好成功，让妈妈刮目相看啊，他状态好得不得了，超越了自己也超越了妈妈，厉害！爸爸是我们的骄傲对不对？等你们出生，爸爸会好好宠你们的。乖，今天好好休息哦。

体重 65.5 公斤，腹围 100 厘米。

29

宝贝，妈妈又好久好久没有写日记啦，这段时间你们长得越来越大啦，妈妈感觉呼吸时都有些喘气。明天就到二十八周啦，已经是孕晚期，我们一起进行最后的冲刺。这段时间妈妈老是觉得缺氧，睡不太好，不过今晚要争取好好睡，放轻松哈，你们动得越来越频繁啦，妈妈好想多跟你们互动，但是医生说要少摸你们、少运动，妈妈是最听话的孕妇，说到做到。

现在妈妈和爸爸一样重啦，穿的鞋也快一样大啦，好不好笑。也许妈妈的体重、鞋码很快就会超过爸爸啦，嘻嘻。现在妈妈每天都很待得住，哪里都不去，就在家里和你们在一起。我们在一起，享受难得的时光。你们加油，很快就可以看到爸爸妈妈啦。妈妈也在加油，做最后的冲刺，等待我们见面的那一天，妈妈爱你们！

时间的礼物
谢娜

有一段时间，我整天忘东忘西，还会忘掉一些重要的事。有时朋友跟我说，你忘了我们一起去干吗干吗，可是我真的一点印象都没有。我觉得有点不可思议，不知道是不是真的记忆力变差了。杰哥陪我去医院检查的那天，我突然有点害怕，怕好多对于我来说重要的事、重要的经历、重要的细节会随着时间，随着我的记忆力越来越不好而记不起来或者记不清楚。于是我想写这样一本书。

这是我送给女儿们的礼物。有了这本书，妈妈就不怕了。跳跳、俏俏，等到你们长大了，妈妈老了，真的好多事不记得了，你们好奇地问我："妈妈，你和爸爸在有我们之前的二人世界是什么样的呢？你怀着我们的过程是什么样的啊？我们刚刚出生的时候是什么样的啊？"妈妈会自信地微笑着说："乖，把妈妈写的那本《娜是光照亮的地方》拿过来，你们读给妈妈听。"

这本书之所以叫《娜是光照亮的地方》，也是因为你们的到来，就像一束光照亮了我和爸爸的生活，让我们的人生变得更柔软、更温馨，不知不觉开启了人生的新阶段。

而被照亮的妈妈也希望，可以给更多人带去温暖、欢乐和积极的能量。因为妈妈知道，每个人的生活中总会有忽明忽暗的时刻，会遇到挫折和风浪。我最爱的孩子们啊，当你们遇到这些事情时，不要害怕，不必慌张，我们之所以能看到阴影，就是因为背后有光。

只要你们乐观、坚定、勇敢、迎难而上，所有的风浪都只会让你们变得更有力量。

愿我们都是被光照耀的人，一身温柔，满怀暖意，能从容地感受生活，拥抱阳光。

图书在版编目（ＣＩＰ）数据

娜是光照亮的地方 / 谢娜著.—北京：中国友谊
出版公司，2020.1（2020.4重印）
ISBN 978-7-5057-4777-7

Ⅰ.①娜… Ⅱ.①谢… Ⅲ.①谢娜—生平事迹 Ⅳ.
①K825.78

中国版本图书馆CIP数据核字（2020）第002670号

书名	**娜是光照亮的地方**
作者	谢娜
出版	中国友谊出版公司
经销	新华书店
印刷	北京盛通印刷股份有限公司
规格	889×1194毫米　16开
	21.25印张　205千字
版次	2020年4月第1版
印次	2020年4月第2次印刷
书号	ISBN 978-7-5057-4777-7
定价	68.00元
地址	北京市朝阳区西坝河南里17号楼
邮编	100028
电话	（010）64678009

如发现图书质量问题，可联系调换。质量投诉电话：010-82069336